La greffe,
un long combat, un lourd tribut

Gaëlle Pontgelard

La greffe, un long combat, un lourd tribut

LE LYS BLEU
ÉDITIONS

ISBN : 979-10-422-2189-8

À mon mari Anthony et notre fils Élouan,
sans qui rien n'aurait été possible...

Préface

Par le Professeur Gilles Montalescot, Institut de Cardiologie, CHU Pitié-Salpêtrière, AP-HP[1] Paris.

La vie est le premier bien, le seul dont tout le monde dispose à la naissance, la seule vraie richesse pour les jours, les mois, les années qui vont suivre. Puis, immédiatement, viennent les inégalités, géographiques, sociales, familiales, les guerres pour les uns, les accidents de la vie pour d'autres et les peurs qui vont avec, celles de perdre cette seule richesse dont on dispose. La vie doit affronter tous les périls, l'abandon à la naissance, le handicap inné ou acquis, la maladie, la désespérance qui pousse certains vers la pire des morts. Comment fait-on pour traverser la vie et ses épreuves et se féliciter d'être là pour en parler ?

La chance fait partie de la vie, il faut le reconnaître. Mais il est possible que la chance sourie plus volontiers à certains d'entre nous. Les chanceux ont parfois la prétention de croire qu'ils l'ont provoquée, voire méritée. La vraie chance n'a rien à voir avec le mérite, la justice, ou la superstition. Les plus réalistes, ceux qui ont vu la mort de près et en sont revenus le savent bien. Les circonstances ont fait que le vent a tourné à temps et ceux qui étaient là pour les aider ont le visage de la chance. J'aime à penser que la chance, si elle est quelque part, est dans les yeux, les voix, les actes et les cœurs de ceux qui étaient là, ce jour-là, quand le vent a tourné.

[1] Assistance publique des hôpitaux de Paris.

C'est ce que nous raconte Gaëlle, qui a vu plusieurs fois tourner le vent de sa vie, et le vent, elle connaît bien la boulangère de Locmariaquer. Le vent a soufflé fort sur sa vie, mais on ne déplace pas comme cela un mégalithe de Locmariaquer. Tous ceux qui ont croisé Gaëlle connaissent son sourire et son indéfectible optimisme qui permet de tout envisager. Gaëlle nous dit ce qu'elle a vu, ressenti et compris de nos langages et attitudes de personnels soignants. J'y ai bien sûr lu entre les lignes (défaut professionnel), nos imperfections, nos errements, notre iatrogénie[2] aussi et les limites de nos chaînes de soins et de notre système de santé. Elle y a vu l'humanité de chacune et chacun au sein de nos équipes. J'y ai retrouvé mes collègues, certains avec émotion, car partis trop vite au cours de ces années. Ce livre est une reconnaissance pour le travail des soignants de terrain et il vaut de l'or pour tous ces jeunes qui veulent bien encore nous rejoindre, pour ces métiers exigeants et difficiles du soin de jour, de nuit, de week-end… On dit pourtant la génération Z autocentrée, instable, plus tournée vers les loisirs que le travail. En fait, je vois tous les jours des jeunes intelligents, pragmatiques, éthiques qui veulent travailler en équipe. Voilà les qualités qu'il faut pour soigner toutes les Gaëlle qui viendront encore.

[2] Ensemble des conséquences néfastes pour la santé, potentielles ou avérées, résultant de l'intervention médicale (erreurs de diagnostic, prévention ou prescription inadaptée, complications d'un acte thérapeutique) ou de recours aux soins ou de l'utilisation d'un produit de santé.

I
Les premiers signes

Nous sommes le lundi 4 février 2008, il est 5 h lorsque je me réveille ce matin-là ! Mais, impossible pour moi de me lever… Un violent mal de tête me cloue au lit. Chaque mouvement me donne l'impression que celle-ci va exploser. J'atteins difficilement mon portable posé sur la table de nuit et j'appelle Anthony, mon mari. Il est déjà parti au travail, dans son laboratoire, en bas.

Il y a moins d'un an, en mars 2007, nous avons acheté une boulangerie-pâtisserie à Locmariaquer, sur la côte morbihannaise. Anthony, passionné par son métier de pâtissier, a souhaité se lancer à son compte. Et moi, issue du commerce, je l'ai très vite suivi dans ce projet d'installation de notre propre affaire. Nous possédons les murs d'un immeuble de 300 m^2 et un fonds de commerce au rez-de-chaussée. Dans notre appartement, au-dessus, nous avons trois chambres : celle d'Élouan, notre petit garçon de 4 ans, la nôtre et une chambre d'amis.

On en a pris pour 13 ans !

Tous les matins, dès 3 h sauf le mercredi, notre jour de repos, Anthony se lève pour allumer ses fours, mettre en place ses pâtons et commencer ses cuissons de pains et de viennoiseries. Il est aidé par un boulanger, Christophe, et une apprentie pâtissière. Habituellement, je le rejoins un peu plus tard au laboratoire. Là, tout en buvant un café, nous parlons de l'organisation de la journée, des commandes à honorer, etc. Comme je suis novice dans ce métier, je regarde comment les choses se préparent et ça me permet ensuite de mieux décrire nos produits aux clients. Au lieu de les disposer dans des caisses en attente, les boulangers rangent eux-mêmes leur production toute fraîche sur les étalages et vitrines réfrigérées du magasin, puis j'ouvre la boutique à 6 h 45. La vendeuse que nous avions à la création nous avait déjà quittés pour un autre emploi.

À Locmariaquer, il y a deux boulangeries. Le lundi, nous sommes en doublure de nos confrères, fermés ce jour-là. Sur les trois boulangeries des communes voisines, Crac'h et Saint-Philibert, une seule est également ouverte. Autant dire que mon mari a une sacrée masse de travail sur le dos aujourd'hui.

Je n'ai pas besoin de laisser sonner le téléphone longtemps, Anthony me répond très vite. Comme je sors tout juste d'une sinusite infectieuse, après quelques mots échangés sur mon incapacité à me lever, il monte aussitôt à mes côtés.

Pourtant, hier a été une belle journée d'hiver ensoleillée. Avec Élouan, nous sommes allés faire une balade d'une dizaine de kilomètres à Locmariaquer. Je me sentais particulièrement en forme.

Mais je suis rassurée, Anthony est là et il gère la situation. C'est un roc, il ne peut rien m'arriver tant qu'il est avec moi. Il appelle le 15 et décrit au médecin du SAMU mes symptômes : mal de tête important, une espèce de crachat d'une teinte légèrement bleu-vert… je n'avais jamais vu ça ! Et je n'ai plus aucune sensation ni dans les bras ni dans les jambes, je ne sens plus rien, comme si j'étais tétraplégique. Mais le SAMU ne fera pas le déplacement, il faudra attendre l'ouverture du cabinet du médecin traitant… pas avant 8 h.

Mon mari, dépité et ne comprenant pas cette décision, appelle le 18 sans plus de succès : ils ne prennent en charge que les personnes accidentées de la route. Il fera alors des allers-retours entre son laboratoire et notre chambre à l'étage, jusqu'au moment où le remplaçant du médecin du village arrive enfin. Il est 8 h 30 !

— C'est certainement une méningite, lui annonce rapidement le docteur. J'appelle le SAMU pour transférer votre épouse au centre hospitalier de Vannes.

L'ambulance viendra me chercher dans les 30 minutes, devant le commerce ouvert, laissant mon mari « au four et au moulin », sans pouvoir me suivre. Élouan est réveillé, mais il ne restera pas seul bien longtemps. Après qu'Anthony l'a préparé, en lui expliquant la situation, avec des mots adaptés à son jeune âge, Christophe l'emmène à l'école maternelle de Crac'h, où il est scolarisé.

Au Centre hospitalier Bretagne-Atlantique (CHBA) de Vannes, la prise en charge est rapide et efficace : on me fait passer une IRM[3]… et le diagnostic est donné !

C'est une double thrombophlébite cérébrale, c'est-à-dire que deux veines du cerveau ont été bouchées par un caillot de sang. Nous ne saurons jamais d'où c'est venu !

Je réponds vaguement aux questions de l'équipe médicale, je suis vaseuse, mais surtout je me retrouve dans un autre environnement, avec des gens que je ne connais pas et sans la présence d'Anthony pour me rassurer. Je suis dans une position très inconfortable, je me demande ce qu'ils vont me faire, comment ça va se passer…

Je n'ai aucun souvenir de l'attitude des soignants, mais dès qu'ils m'annoncent leur diagnostic, je me trouve tout à coup plongée dans le noir, comme une espèce de choc. C'est une nouvelle source d'angoisse pour moi : je ne vois plus rien ! Que se passe-t-il ?

Le médecin constate très vite une occlusion de l'artère centrale de la rétine… je perçois à peine la lumière. On me tranquillise en me disant qu'on va me poser une perfusion d'héparine, un anticoagulant dont l'action est immédiate. Ça a le mérite de me rassurer : j'ai le verdict et la manière dont cela va se régler. En plus, je n'aurai pas de traitement intrusif, c'est une simple perf' avec un produit pour fluidifier le sang. Ça me va très bien !

---

[3] Imagerie par résonance magnétique. Ensemble des techniques permettant d'obtenir des images à partir de la résonance magnétique nucléaire.

Je reste cinq jours en réanimation. Je suis dans une chambre assez grande, avec une petite lucarne par laquelle la lumière du soleil vient me chatouiller un peu… du moins, c'est ce que je ressens avec la chaleur des rayons sur ma peau. À chaque soin ou lorsque quelqu'un doit me toucher, on me prévient en me disant ce qui va être fait. Je me sens en sécurité. Je dois dormir beaucoup, car j'ai l'impression que le temps passe vite, ce qui est plutôt confortable. Mon mari prend régulièrement de mes nouvelles par téléphone avec les infirmières ou infirmiers de nuit. C'est plus facile pour lui après sa journée de travail et, en plus, il n'a pas l'inconvénient de la ligne occupée par les appels des familles de patients.

Anthony et Élouan viennent me voir dès le mercredi, mais je ne les distingue pas encore de façon nette. Quand ils entrent dans la chambre, j'aperçois leurs silhouettes floues. Mon petit garçon semble souriant, il tient la main de son papa et ne la lâche pas de toute leur visite. Ils s'approchent de mon lit, mais Élouan n'ose pas me toucher. Tous ces tuyaux et appareils près de moi doivent l'impressionner, toutefois, il me parle naturellement, comme si tout était normal. Anthony a dû lui expliquer, pour le préparer, avant d'arriver à l'hôpital.

Alors que je suis emmenée, dans le lit à roulettes, pour aller faire un examen, ils m'accompagnent dans le couloir jusqu'à l'ascenseur.

— Maman va revenir, lui dit Anthony.

— À tout de suite, Maman ! me dit mon fils en envoyant un bisou volant, sans la moindre inquiétude.

Je les retrouve ensuite dans ma chambre, à mon retour. Ils ont attendu que je revienne avant de rentrer chez nous. Je sais que tout va bien pour eux et que mon mari gère parfaitement mon absence à la maison et à la boulangerie. À Vannes, nous ne sommes pas loin de Locmariaquer, nous aurons d'autres occasions de nous voir bientôt. Je ne m'inquiète pas, tout ira bien…

Le samedi 9 février 2008, cinq jours après mon admission, on me transfère en neurologie, vers 17 h 30/18 h. Je suis toujours sous traitement par perfusion, mais ce soir-là, j'ai droit à mon premier repas depuis mon arrivée. C'est de la pizza. Sympa ! Ça va changer de ce qu'on nous sert d'habitude dans les hôpitaux. Mais à peine ai-je fini de manger que je vomis tout en un jet puissant et direct sur les murs… il y en a partout. Une forte douleur, entre l'estomac et le milieu de ma poitrine, m'envahit alors le corps, avec une chaleur qui s'intensifie et me procure une très désagréable sensation de brûlure interne. Cela me transperce jusque dans le dos.

J'appelle l'infirmier. Branle-bas de combat, il interpelle une collègue pour venir l'aider à tout nettoyer, me changer la chemise d'hôpital, ainsi que la literie. Leurs gestes sont efficaces. Comme je ne peux pas me lever, ils me font basculer sur un côté du lit pour remplacer le drap sur une moitié, puis ils me tournent sur la partie propre, afin de finir d'étaler la housse. L'infirmier me donne ensuite du Gaviscon, mais la douleur persiste. Elle reste à un stade que j'évalue à 8 sur 10. Malgré cela, personne ne m'écoute. L'infirmier semble dépassé et il doit penser que je l'appelle sans raison, car il prend un air dérangé, presque agacé par mes sollicitations. À la télévision passe l'émission *Star Academy*, aussi je me concentre sur la musique que j'aime bien, pour garder le cap et tenter de détourner mon esprit de ce supplice insoutenable. Il faut que je résiste, que je sorte de mon corps, que mon cerveau lâche cette idée d'avoir mal, sinon je ne vais pas y arriver…

Deux heures plus tard, devant mes demandes insistantes, l'infirmier finit par appeler le médecin de garde, qui préconise de réaliser un électrocardiogramme (ECG) pour lever tout soupçon. Plusieurs électrodes sont collées sur mon thorax, de chaque côté de mon cœur. Le tracé de l'activité électrique ne révèle aucune souffrance cardiaque à ce moment-là. Pourtant, je viens de faire mon premier accident cardio-vasculaire !

Anthony m'appelle chaque soir. Quand il téléphone ce soir-là, je lui dis que tout va bien. À quoi bon l'inquiéter ? Je suis à l'hôpital, entre de bonnes mains… de toute façon, il ne peut rien faire de plus.

J'aurai quand même souffert pendant cinq heures avec ce spasme coronarien intermittent, alors que l'équipe médicale de nuit pensait que j'avais juste des remontées gastriques. Peut-être qu'un deuxième ECG aurait permis de déceler un problème, mais sans certitude…

Le mardi 19 février, je sors enfin de l'hôpital. Je suis fatiguée, mais sans conséquence visible dans l'immédiat. Je ne tarde pas à reprendre mon activité de vente à la boulangerie, ma vie, mon quotidien… Je n'ai pas d'autre choix, comme nous sommes entrepreneurs, c'est « marche ou crève ». Ça va bien au-delà de ce choix professionnel, je ne peux pas laisser Anthony seul dans ce bourbier plus longtemps. Tant que j'étais hospitalisée, il faisait son pain et s'occupait du magasin et, même s'il était aidé par Christophe et l'apprentie dans son laboratoire, c'était quand même bien compliqué cette double casquette. Aussi, je fais tout ce que mon état de santé me permet de faire pour ne pas le surcharger à nouveau. Et, quand je suis vraiment trop fatiguée, je lui demande s'il peut venir me remplacer le temps d'une petite pause.

Nadine, la femme de Christophe, a été très présente pour Élouan, pendant mon absence. Elle est très maternelle, comme une seconde maman pour notre fils. Elle est allée le chercher à l'école en même temps que ses deux garçons, Vincent et Lucas, avec qui Élouan s'entend très bien. Lorsqu'elle le ramenait à Anthony le soir, il avait dîné, il était douché et, en pyjama, prêt à aller se coucher. Élouan n'a pas semblé perturbé par cette organisation, puisque, dès notre installation, Nadine s'en occupait déjà, notamment les jours fériés et les week-ends. Cela nous a été d'autant plus précieux que nos parents habitent loin. À cette époque-là, elle était d'ailleurs enceinte d'une petite fille, Élisa, qui est venue agrandir le cercle familial de ces trois

« frères ». Car, c'est bien ainsi qu'Élouan est considéré par cette famille.

Une autre personne a également beaucoup d'importance pour Élouan : c'est sa maîtresse Patricia. Chaque année, l'académie l'a fait changer de niveau de classe au fur et à mesure de l'évolution d'Élouan, ce qui lui a permis de le suivre dans sa scolarité. Un jour, elle m'a raconté avoir retrouvé notre fils en pleurs, assis sur une marche, dans la cour de l'école. Il était triste que je sois encore hospitalisée. Le hasard est d'ailleurs étonnant. Son garçon se prénomme comme le nôtre, mais sans accent sur le E. De plus, la prononciation est légèrement différente en se terminant par « an » [e-l-u-ã], tandis que chez nous, nous prononçons avec le son « ane » final [e-l-u-a-n].

J'aime ce genre de personnes qui, lorsqu'elles disent qu'elles sont disponibles, le sont vraiment et qui savent dire quand elles ne peuvent pas, tout simplement, sans promettre des choses qu'elles ne pourraient tenir.

II
En cardiologie

18 avril 2008, je fête mes 33 ans

J'ai beaucoup de difficultés à monter les dix-sept marches qui séparent le commerce de notre appartement ; je sens bien que quelque chose ne fonctionne pas en moi, mais je n'arrive pas à déterminer ce que c'est. Bon, il est vrai que j'ai la mauvaise habitude de n'écouter mon corps qu'à partir du moment où il crie, me stoppe dans mon élan. Mais là, je suis essoufflée, fatiguée, j'ai du mal à avancer…

Fin avril, j'ai rendez-vous chez mon endocrinologue, pour le suivi de la maladie de Basedow[4] dont ma famille est sujette. Elle remarque très vite que je suis anormalement hors d'haleine, sans raison apparente. Pourtant, j'ai eu la chance de trouver une place pour me garer juste devant son cabinet et je n'ai eu qu'à monter les cinq marches qui me séparent de l'entrée. En plus, je n'étais même pas en retard et je n'ai pas eu besoin de courir.

Elle prend mon pouls avec un tensiomètre et mesure ma fréquence cardiaque à plus de 100 battements par minute (bpm), alors que j'étais au repos[5].

Elle reste prudente et me dit :

---

[4] Maladie auto-immune de la thyroïde.

[5] Au repos, chez un adulte, une fréquence cardiaque comprise entre 55 et 85 bpm est normale. Elle peut être un peu plus élevée pour une femme, mais à partir de 100 bpm, un avis médical est justifié.

— Rien d'alarmant, mais vous allez quand même consulter un confrère, cardiologue à Vannes, pour faire le point. Je vais prendre rendez-vous pour vous, pour que ce soit plus rapide.

Je vais donc chez ce cardiologue de ville, en mai 2008, accompagnée d'Armelle, la maman d'Anthony. Je suis très proche d'elle et nos rapports sont sincères.

Le médecin, un praticien d'un certain âge, m'examine. Puis il me fait un ECG et me dit :

— Vous auriez pu me le dire que vous aviez fait un infarctus !

Armelle et moi échangeons un regard furtif, interloquées, comme dans une histoire sans paroles… Que répondre à ça ? Je pense qu'il lit très vite à mon expression que je ne comprends pas la teneur de ses propos, qui résonnent en écho dans ma tête.

Il s'écoule quelques secondes, puis il reprend :

— Avez-vous ressenti ces derniers mois des douleurs de type thoracique ?

Qu'est-ce qu'il veut dire par là ? Ses mots m'échappent. Je ne connais pas ces termes médicaux jamais entendus jusqu'alors. La cardiologie est très loin d'être mon domaine de compétence ; je ne suis que la maman d'un enfant de 4 ans, comblée dans sa vie de couple par un mari exceptionnel, je n'ai aucune raison de me préoccuper de ce genre de question.

— Désolée, mais je ne comprends pas ! lui dis-je.

— Madame, avez-vous, ces derniers mois, été malade ou hospitalisée ?

— Oui, en février ! J'ai été prise en charge pour un accident cérébral. Cinq jours après, au service de neurologie, j'ai eu un vomissement très puissant, lors du premier repas qui m'a été donné. J'ai aussi ressenti une douleur qui me traversait la poitrine, comme une boule de feu, qui irradiait dans mon dos et dans ma mâchoire.

— Avez-vous eu mal au bras gauche ?

— Non, absolument pas !

Ah, mauvaise piste, me dis-je, ce n'est peut-être pas le cœur finalement. Beaucoup de malades décrivent effectivement cette douleur au bras gauche, symptomatique de ce genre de trouble, et moi, je ne l'ai pas eue… Ce ne doit pas être ça alors !

Il poursuit :

— Madame, nous allons devoir pratiquer une coronarographie. Je vais vous orienter vers un confrère chirurgien de l'hôpital de Vannes. C'est une intervention bénigne, sous anesthésie locale. Nous allons faire entrer un cathéter[6], avec une caméra miniature, du pli du poignet par l'artère radiale[7] jusqu'au cœur. Nous pourrons ainsi observer vos coronaires et établir des mesures pour définir l'état de vos ventricules droit et gauche. Nous saurons si nous avons affaire à un infarctus antérieur, comme je le pense.

Très bien, le ton est donné. Je sors de son cabinet avec un rendez-vous pour le revoir en septembre, après les résultats de l'examen demandé. Même si je suis soulagée par sa façon de m'expliquer tout ce qui va m'être fait, j'ai la tête pleine de questions…

En juin, Armelle m'accompagne à nouveau pour me rendre à l'hôpital, car, pour le retour, j'ai l'interdiction de prendre le volant afin de ne pas risquer d'œdème. L'ouverture pratiquée dans le poignet, pour insérer le cathéter, est suffisamment conséquente pour justifier l'immobilisation du bras.

De retour au CHBA de Vannes, je suis étonnée de voir qu'un seul étage sépare le pôle *Neurologie*, où j'étais en février, du pôle *Cardiologie*.

On me prend très vite en charge pour l'intervention. La piqûre anesthésique est un peu douloureuse. Lorsque je regarde l'infirmière sortir le long tube fin qui doit entrer dans mon bras, je suis impressionnée : le tuyau fait au moins la hauteur de la porte de l'armoire. Malheureusement pour moi, le chirurgien essaye tant bien

---

[6] Tuyau muni d'une valve pour empêcher le reflux du sang.

[7] L'artère humérale (d'*humérus*) fait suite à l'artère axillaire (de l'aisselle), chemine à la face interne du bras et se divise, au pli du coude, en deux artères : l'artère radiale (de *radius*) et l'artère cubitale (de *cubitus*), qui irriguent l'avant-bras et la main.

que mal de passer par le bras gauche, mais n'y arrive pas. Il a besoin de « sacrifier » mon deuxième bras pour trouver une meilleure voie !

Les jours suivants, je laisse Anthony s'occuper de moi dans les gestes de la vie quotidienne. Avec des pansements compressifs à chaque poignet, je suis contrainte de ne pas me servir de mes deux bras pendant une dizaine de jours. Je ne peux pas me laver seule, m'habiller, manger, ni même aller aux toilettes, comme si mes bras étaient cassés.

Un après-midi, en allant chercher Élouan à l'école, j'entends des personnes chuchoter derrière moi :

— Elle a dû faire une tentative de suicide.

Cela me fait sourire…

Le verdict tombe rapidement. Peu de temps après ma sortie de l'hôpital, un compte rendu opératoire, reçu par courrier, m'apprend que j'ai effectivement eu une crise cardiaque.

Toutefois, les visites avec le cardiologue de ville ne m'inspirent pas entièrement confiance… Oh, bien sûr ! Ce n'est qu'un avis totalement personnel, mais il me paraît indispensable d'avoir foi en ce que les médecins préconisent. Or, il ne me donne pas beaucoup d'explications sur mon problème et j'ai le sentiment qu'il me propose des traitements, sans savoir précisément les effets que ça va avoir.

— On va tenter ça ! Si vous avez quoi que ce soit, vous me rappelez.

J'ai l'impression d'être un cobaye et ça ne me met pas à l'aise. Si mon état s'aggrave, est-ce que j'aurai le temps de prévenir ? Ce besoin d'être rassurée me guidera tout au long de mon parcours médical.

Aussi, dès 2009, je prends l'initiative de contacter le service *Cardiologie* du CHU de Rennes, auquel j'envoie, par courrier postal, mon dossier avec ma demande de prise en charge. Une secrétaire me rappelle rapidement et me fixe un rendez-vous avec le Professeur Alain Le guerrier. Mon cas est très particulier et elle choisit de m'adresser directement au chef de service.

Armelle, qui habite non loin de Rennes, me propose de la rejoindre chez eux. Elle pourra ainsi m'accompagner à l'hôpital, qu'elle connaît mieux que moi, puis elle me ramènera. Si une nouvelle perturbante venait à m'être annoncée, ce serait plus sécurisant si c'est elle qui conduit. C'est une offre qui ne se refuse pas !

Quelques jours plus tard, lorsque le Professeur Le guerrier consulte mon dossier lors de mon rendez-vous avec lui, il me dit :

— Il n'y a pas de traces d'athéromes[8] dans les coronaires, elles sont saines. Vous n'avez rien qui altère votre système sanguin, tout circule parfaitement, mais votre cœur rencontre des difficultés à pomper normalement… c'est curieux !

Le cardiologue, pourtant aguerri, avec un parcours professionnel riche d'années de pratiques, admet son incapacité à répondre à mes attentes et me dirige vers un confrère en médecine générale, de l'AP-HP CHU Pitié-Salpêtrière à Paris.

Il ajoute :

— Ma grande, vous êtes jeune, mais moi, je ne peux rien faire pour vous ! Vous avez quelque chose, ça, c'est sûr, malheureusement je ne sais pas de quoi vous souffrez.

Je suis bluffée ! C'est assez impressionnant l'humilité qu'il dégage en comparaison avec le cardiologue de ville, qui voulait prendre les choses en main en testant différents protocoles. Là, je me retrouve face à une sommité dans son domaine, mais qui admet ne pas savoir. Ça ne me rassure pas, mais je suis reconnaissante qu'il ait la décence de me le dire. Il semble que mon souci soit un mélange entre le cérébral et le cardiaque, il préfère donc que je commence par de la médecine interne.

Je vais monter à la capitale, seule avec mes doutes. Mon problème est-il si difficile à déceler ? Soyons sincères, je suis en surpoids, mais je n'ai ni diabète ni mauvais cholestérol, uniquement ces douleurs de

[8] L'athérome correspond à un dépôt graisseux dans la paroi interne des artères. Les plaques d'athéromes sont constituées de cellules sanguines et de mauvais cholestérol.

type spastique[9] au niveau de la poitrine. Mais comment ai-je bien pu faire une crise cardiaque ?

Peu importe le déplacement, mais il faut à tout prix que je sache, que je trouve d'où a pu venir cet accident qui a bouleversé ma vie si violemment, à seulement 32 ans… Je peux tout combattre à partir du moment où je comprends et où je connais mon « ennemi », celui contre qui ou quoi livrer bataille.

Anthony est dans la même démarche que moi. Il est aussi très attentif à la moindre question que je peux me poser.

— Mais pourquoi moi ? Pourquoi n'arrive-t-on pas à trouver l'anomalie qui a provoqué tout ça ? Je ne dois quand même pas être la seule à vivre cette épreuve. D'autres doivent bien avoir les mêmes symptômes que moi…

Très rationnel, il débriefe sur mes inquiétudes, mes accès de colère, quand je cherche des réponses qui ne viennent pas !

Avec Hélouân, c'est un papa rassurant, qui continue de l'informer de ce qui se passe pour sa maman, avec des mots choisis pour un petit garçon de son âge. Notre famille lui doit ce bel équilibre qu'il a su conserver.

---

[9] Qui tient du spasme, d'une contraction musculaire involontaire, intense et passagère. Mouvement convulsif de certains muscles.

III
La Pitié-Salpêtrière

À Paris, j'ai d'abord rendez-vous en médecine interne, comme me l'a prescrit le Professeur Le guerrier. Le médecin que je consulte semble toutefois perdu à l'étude de mon cas. Il ne comprend pas pourquoi on m'envoie vers lui :

— Ce n'est pas dans mon service que vous devriez être. Je ne vois pas ce que je peux faire pour vous. Il faut vous rendre en cardiologie.

Les rendez-vous sont très difficiles à obtenir. Je ne pourrai y aller que dans six mois.

En novembre 2010, j'arrive donc à Chartres, chez ma mère Sylvie, toujours très présente à mes côtés, et mon beau-père Jean-Marie. Ce sont eux qui vont m'emmener à Paris à chaque fois que j'aurai rendez-vous à la Pitié-Salpêtrière.

La vie n'a pas gâté Maman non plus. En 2003, l'année de naissance de notre fils, alors qu'elle fêtait Noël chez eux, elle s'est écroulée à la suite d'une fistule[10] au cerveau ! Nous n'étions pas présents, mais quelle angoisse pour nous tous ! Elle a subi une trépanation, avec le risque de rester dans un état végétatif, mais elle nous a été rendue, malgré tout, non sans séquelles : elle a été privée à jamais de l'usage de ses jambes ! À cause de cela, elle doit également sonder sa vessie

[10] Une fistule durale est une communication anormale entre une ou plusieurs artères vascularisant la méninge.

toutes les quatre heures et elle a continuellement des douleurs neurologiques qu'aucun traitement ne peut guérir.

J'ai rendez-vous avec le Professeur Gilles Montalescot, chef du service de *Cardiologie*. Il me paraît tout de suite très accessible, doux, mais direct dans ses explications.

Il propose de me garder en observation afin de faire des examens complémentaires. Son cabinet et son attitude me donnent confiance et me rassurent.

— Bon, écoutez, je ne prétends pas tout savoir, mais je m'engage à tout mettre en œuvre, et ça je peux vous le promettre, pour trouver ce que vous avez.

Je ressens ses paroles comme une espèce de pacte passé entre nous deux. Enfin quelqu'un qui va vraiment chercher et me libérer de cette angoisse qui me taraude à force de ne pas comprendre. Il va forcément trouver, j'en suis sûre maintenant. Et je n'aurai plus ce poids de la responsabilité de gérer mes réactions, en fonction des traitements administrés. Je peux « poser mes valises », c'est lui qui prend la main.

Avec Anthony, nous sommes dans le même schéma qu'à ma première hospitalisation à Vannes. Il travaille pendant que je suis à Paris, sans savoir ce qui m'attend et je dois lui annoncer que je ne rentre pas. C'est un accord sous-entendu entre nous : je me soigne et toi, tu te débrouilles avec Élouan et notre entreprise. Mon mari est véritablement à l'écoute de mes besoins, sans chercher à reporter mes soins sous prétexte de la « merde » que cela va engendrer. La priorité est donnée à ma santé. À la boulangerie, nous avons embauché une vendeuse, qui fait un horaire de 35 h avec deux jours de repos par semaine. Cela ne suffira pas à alléger complètement Anthony, mais c'est déjà ça.

Je reste cinq jours à la Pitié-Salpêtrière. On me fait d'abord une échographie cardiaque, puis un Holter ECG[11]. Au bout de trois jours,

[11] Moniteur Holter ECG, dispositif portable, qui permet l'enregistrement en continu de l'électrocardiogramme (ECG) sur 24 à 72 heures.

le Professeur Montalescot me dit que je vais repasser une nouvelle coronarographie, pratiquée par ses soins, car les premières investigations ne donnent rien…

Je pars confiante au bloc. Pour l'anesthésie, on me pique du premier coup. Ensuite, un infirmier déballe le cathéter de sa pochette stérile, tandis que le Professeur incise le pli de mon poignet, puis l'artère, tout en épongeant le sang qui coule. Il entre la canule sous surveillance radiologique. Une habitude bien rodée de la part du praticien, on sent l'expérience du travail rigoureux. Lors de l'examen, je peux suivre sur un écran l'évolution du tuyau, mais je préfère me réfugier dans mes pensées. Je m'imagine en train de bavarder avec Anthony et Élouan. Cela me réchauffe et j'en ai bien besoin : je suis frileuse. De plus, l'austérité, la froideur du bloc opératoire n'arrange pas les choses. Le Professeur me commente son investigation au fur et à mesure, mais il me parle également de tout et de rien. Ça donne un côté très humain à l'intervention, qui, même si elle n'est pas douloureuse, n'en reste pas moins très désagréable et intrusive. D'ailleurs, tous les services de la Pitié-Salpêtrière ont cette humanité, ce qui est confirmé par les autres patients venant pour diverses maladies. Les indications du Professeur, qui m'avertit lorsque cela risque de me faire ressentir une petite pointe de douleur ou une gêne, me permettent de déstresser. Je sens effectivement quand le cathéter atteint le ventricule, ce qui me fait prendre conscience de la place qu'occupe mon cœur dans la cage thoracique. Il est bien là, plus au milieu que complètement à gauche.

En salle de réveil, le Professeur vient me communiquer le diagnostic.

— Madame Pontgelard, tout s'est très bien passé, tout est normal. Votre cœur a effectivement été malmené une première fois et le ventricule gauche a subi quelques dégâts irréversibles, mais vos coronaires se portent très bien. Nous n'aurons malheureusement pas d'explications aujourd'hui, avec cet examen. Pour l'instant, seul un changement médicamenteux serait à envisager pour optimiser vos fonctions cardio-vasculaires.

Tout en évitant de critiquer son collègue de Vannes, il remet en question le traitement que celui-ci m'a prescrit. Il n'est pas adapté à mon cas et il va falloir revoir le schéma de soins.

— Je vous laisse donc en salle de repos pour un petit moment et je reviendrai plus tard…

Mes sentiments à ce moment-là sont partagés : je suis à la fois soulagée, mais inquiète, voire déçue de ne pas avoir plus d'éclaircissements sur ces douleurs ressenties.

Le plus difficile pour moi, outre le fait d'avoir mal, est de ne pas en connaître la raison, la source. J'ai l'impression de combattre un fantôme indécelable, sans pour autant être suffisamment armée pour cela.

Mais je n'aurai pas le temps de me poser ces questions bien longtemps, car, très vite, les événements vont prendre une tournure inattendue. Le Professeur Montalescot est revenu. Il me demande comment je vais quand, tout à coup, une douleur vive se déclenche. Le spasme est aussi intense que la première fois, comme en février 2008.

Je lui dis tranquillement :

— Docteur, j'ai l'impression de prendre feu tellement la température monte en moi !

En même temps, je continue de sourire. Ça fait partie de ma façon d'être : je suis toujours souriante. Mais là, en plus, j'ai ce léger contentement, car « l'ennemi » montre enfin son visage et il est en pleine action. Je m'imagine dire au Professeur : « Il va bien falloir trouver ce que j'ai, car c'est là, maintenant ! Et j'aimerais bien que vous me débarrassiez de ce "truc"… »

Ça s'affaire aussitôt autour de moi. Les consignes du Professeur pleuvent. On me transfère en réanimation ; morphine, 1 dose… 2… 3… rien n'y fait.

Le Professeur me dit :

— On va tout faire pour vous sauver !

Le ton est donné, mon pronostic vital est engagé, je suis en danger de mort, mais je ne réalise pas vraiment. On demande mon retour immédiat au bloc pour pratiquer de nouveau le même examen et voir ce qui se trame.

Le Professeur dit à une infirmière de prendre contact avec ma personne de confiance, donc Anthony. Elle me passe rapidement mon mari au téléphone. Lorsque je l'ai en ligne, je ne suis déjà plus moi-même : les doses de morphine viennent altérer mon jugement et la cohérence de mes propos. La douleur est là, mais je suis dans un état second, euphorique. Les mots que j'ai dits ce jour-là resteront certainement les plus maladroits que j'ai pu avoir. Je ne peux que recevoir une information, l'intégrer et la ressortir telle quelle, sans forcément la comprendre.

— Coucou, oui tout va bien ! Je repars en salle d'opération avec le Professeur Montalescot. Je ne sais pas si je vais survivre, alors, au cas où… je t'aime !

Et, sans pouvoir en dire plus, je tends le téléphone à l'infirmière médusée, avant d'être emmenée au bloc.

Avec le recul, je n'imagine pas dans quel état mon mari a pu être à ce moment-là. Il devait ouvrir le magasin, puis récupérer Élouan à l'école, tout en continuant à faire comme si de rien n'était ! On ne se rend pas bien compte de la torture pour ses proches, pour les siens, quand soi-même on ne mesure plus rien, que la vie ne tient plus qu'à un fil. Et croyez-moi, quand celle-ci vous échappe, vous n'êtes plus le capitaine du navire.

Au bloc, le Professeur Montalescot est accompagné d'un collègue. Ils font le diagnostic d'un spasme dit « angor de Prinzmetal »[12]. En pratiquant l'examen, tout s'organise très rapidement et professionnellement autour de moi. J'ai non seulement la coronaire bouchée, mais également une hémorragie qui doit être vite enrayée.

---

[12] Angor : Angine de poitrine. L'angor de Prinzmetal est un syndrome coronarien aigu qui correspond au spasme d'une artère coronaire (le plus souvent une artère coronaire de gros calibre). Il apparaît souvent en cycle au repos.

Le Professeur enlève le pansement compressif et rouvre légèrement l'incision, qui commençait à peine à se refermer, pour faire une nouvelle coronarographie, afin de recoller l'artère. Je suis tellement abasourdie que je ne sens pas la piqûre d'anesthésie locale, je ne comprends pas ce qui se passe… Je suis à nouveau au bloc et, la morphine faisant son effet, je plane.

À la fin de l'intervention, le Professeur me dit :

— Ça y est ! Tout est maîtrisé. J'ai rouvert l'artère. Tout va bien !

Malgré nous et toute la bonne volonté de chacun, je viens de faire ma deuxième crise cardiaque ! Celle-ci marquera un tournant sur le fonctionnement de mon ventricule gauche, mais l'essentiel pour moi, à cet instant, c'est qu'ils m'ont sauvée et que je suis en vie…

Un point que je perçois comme positif dans tout ce chaos, c'est que nous avons enfin mis le doigt sur ma maladie insidieuse. J'ai une certaine satisfaction malgré tout : ces douleurs, je les avais bien et ce n'était pas imaginaire. Je ne me suis pas plainte pour rien et j'ai bien fait de mener les choses jusque-là, parce qu'il y avait réellement un problème. Maintenant que le Professeur a vu ce qui s'est passé, il va pouvoir prendre le sujet à bras-le-corps pour l'étudier et réparer ce qui ne va pas. Tout ce que j'ai pu dire auparavant devient légitime et tout ce contre quoi je me suis battue depuis deux ans prend enfin une forme identifiable.

Le Professeur m'explique que lors de l'intervention, le cathéter a frôlé la coronaire. Celle-ci est particulièrement sensible et vivante, comme une algue qui bouge au moindre contact, ou comme une huître. Elle s'est sentie agressée et, en voulant se refermer sur le tuyau, elle s'est déchirée. Elle s'est contractée par l'effleurement de ce corps étranger, provoquant des spasmes de plus en plus forts.

On me transfère directement en réanimation, où je m'endors, confiante. Ce que j'ai appris de cette expérience, c'est que le corps se remet beaucoup mieux avec le sommeil. D'ailleurs, la nature est bien faite, car mon organisme m'oblige à lâcher prise, pour que les choses se rétablissent tranquillement.

Je reste à la Pitié-Salpêtrière une quinzaine de jours, sous l'œil attentif et bienveillant du Professeur Montalescot. Puis, ma sortie s'organise, je vais pouvoir retourner auprès des miens… Mais je suis encore extrêmement fragile et j'ai l'impression d'être l'ombre de moi-même. Ma plus grande difficulté est de respirer normalement, j'ai cette très désagréable sensation de m'étouffer et que mon propre corps ne répond plus comme il faut à mes demandes.

Lorsque Jean-Marie vient me chercher à l'hôpital, je suis absolument incapable de marcher. Heureusement, il a pris le fauteuil roulant de Maman pour me transporter de la chambre à la voiture, puis jusqu'à leur domicile. Le trajet dure moins d'une heure et demie, mais, arrivée chez eux, je suis tellement fatiguée que je demande à me reposer. Je n'ai pas la force de monter dans ma chambre à l'étage, aussi Maman me propose la leur, au rez-de-chaussée. À peine allongée sur le lit, je me mets à hurler. Comme une enfant apeurée, complètement paniquée, j'appelle ma mère. Dès que je commence à m'étendre, je n'arrive plus du tout à respirer, je me mets à suffoquer, cherchant le moindre filet d'air. Ce que j'ignore encore, c'est qu'une crise cardiaque peut provoquer ce genre de séquelles. Maman me rassure avec des paroles tranquillisantes. Elle ajuste le demi-sommier mobile et me relève la tête avec les oreillers pour me redresser. Toutefois, je ne parviens pas à m'endormir malgré mon épuisement.

Le soir même, en montant lentement l'escalier, j'arrive à rejoindre ma chambre. Là, il me faut plusieurs heures avant de pouvoir me laisser aller un peu au sommeil, exténuée.

Chartres est une étape de liaison entre mes gars et moi. C'est ici qu'Anthony et Élouan viennent me récupérer dès le lendemain soir, un mardi, pour retourner en Bretagne le mercredi, notre jour de fermeture. Sur la route, Anthony m'envoie un texto pour me dire qu'ils arrivent bientôt. Lorsque j'entends Jean-Marie ouvrir la porte d'entrée, je sens mon cœur battre la chamade, à tel point que j'ai l'impression qu'il va sortir de ma cage thoracique. Élouan arrive alors en courant et se jette dans mes bras en pleurant, aussitôt accompagné par mes propres larmes. À son tour, Anthony me serre très fort dans ses bras… nous sommes littéralement en fusion l'un avec l'autre. À ce moment précis, je ressens l'intensité de notre amour et j'ai l'impression que mes mains ne pourront jamais se détacher de son corps. Nos retrouvailles sont riches en émotion et tellement fortes. Chacun à notre niveau, nous avons compris que la Mort avait été indulgente avec nous et m'avait épargnée pour cette fois ! Maman est dans son fauteuil, à côté de nous, et pleure également. Anthony et Élouan s'excusent de ne pas lui avoir dit bonjour. Puis, nous restons un long moment à nous parler tous les trois, devant la cheminée, avec nos larmes qui ne cessent de couler.

Cette nuit-là, mon mari doit installer cinq oreillers derrière moi, de ma tête jusqu'au bas de mon dos, pour pouvoir garder une position semi-allongée. De plus, sa présence à mes côtés m'apaise et me permet de faire une meilleure nuit que la veille. Cette sensation d'étouffer est encore là et restera ancrée dans ma mémoire, faisant de chaque future intubation un cauchemar pour moi.

De retour à la maison, Anthony me cale de la même manière qu'à Chartres pour la nuit, pendant encore une bonne semaine.

Cette fin d'année est inoubliable : je suis auprès des miens pour Noël et la nouvelle année. Même si le travail ne manque pas en cette période de fêtes, l'essentiel pour nous est ailleurs…

Mon traitement médicamenteux est alourdi et renforcé. Je prends désormais dix-sept cachets par jour. Anthony ne tarde pas à m'équiper d'un pilulier, pour gérer les dosages sur la semaine.

IV
Le DSC

Je revois le Professeur Montalescot en mars 2011. Je vais mieux, le traitement équilibre la carence mécanique du ventricule gauche et tout se présente bien. Rendez-vous est pris pour l'année suivante à moins d'un impératif en cours d'année.

L'année 2011 est une année assez calme en ce qui concerne ma santé. Un seul bémol vient ternir nos fêtes de fin d'année : l'ouverture de la plèvre de mon poumon gauche, qui demande une hospitalisation de trois jours juste avant Noël, mais qui trouve une issue heureuse.

En mars 2012, je retourne confiante à la Pitié-Salpêtrière. Lors de mon rendez-vous avec le Professeur, il évoque une fatigue cardiaque avec une possibilité d'un troisième infarctus qui serait fatal. Il propose donc la pose d'un défibrillateur sous-cutané (DSC), implantable sous la peau en dessous de l'aisselle, du côté gauche, et qui sera relié au cœur par une sonde.

Pour cela, et toujours avec mon accord, il me présente la Docteur Françoise Hidden-Lucet, cheffe du service de *Rythmologie cardiaque* de l'hôpital, qui nous rejoint dans le cabinet du Professeur. Elle m'explique le mode de fonctionnement de cet appareil.

— Le DSC est comme un électrocardiogramme permanent. Il enregistre le rythme du cœur. En cas de défaillance, il charge des condensateurs de plusieurs centaines de volts et il délivre un choc en quelques secondes seulement. L'intervention est classique pour nous : nous en réalisons au moins une par jour.

L'acte doit se faire rapidement, j'ai rendez-vous la semaine suivante. En attendant, je vais loger chez mes parents. Ça ne vaut pas le coup de rentrer en Bretagne pour si peu de temps, d'autant plus que, pour cette opération, je dois également voir l'anesthésiste.

Dès mon arrivée à Paris, je prends la décision de me faire suivre en hématologie à la Pitié-Salpêtrière. Déjà, à cause de la thrombophlébite cérébrale dont j'ai été victime en 2008, mais aussi parce que j'ai un terrain génétique propice aux embolies et aux phlébites. Ma mère est déjà suivie pour la même affection et nous avons très vite compris l'intérêt d'y aller ensemble pour mieux avancer sur les recherches. Notre médecin référente est la Docteur Annick Ankri, avec qui nous nouons des liens indéfectibles. Elle sera toujours là pour me conseiller, sur place ou à distance. Depuis cet accident cérébral, je prends un traitement anticoagulant pour ne plus risquer de caillots. C'est donc elle qui mesure la fluidité de mon sang, avec le taux d'INR[13], avant toute intervention.

Après ma deuxième crise cardiaque, en février 2011, je suis devenue, en quelque sorte, la « protégée » du Professeur Montalescot. Pendant les années qui ont suivi cet épisode, rien ne se fait sans son aval, ses conditions. Encore aujourd'hui, notre relation reste très particulière et il garde la main sur tout ce qui concerne ma santé.

Grâce à tous ces acteurs, ma confiance grandit et, accompagnée par les bons praticiens, je me sens sérieusement prise en charge. Je m'inquiète modérément de ce qui m'attend.

Le jour de l'entrée en hospitalisation arrive, mes parents me déposent à la Pitié-Salpêtrière. Une fois la paperasserie faite, je suis admise dans une chambre seule et l'on me prépare. L'opération doit avoir lieu demain et dans cinq jours je retourne à la maison, en ambulance.

---

[13] L'INR (International Normalized Ratio) est la mesure normalisée internationale calculée pour la coagulation sanguine. Cet examen est prescrit à toute personne suivant un traitement anticoagulant par antivitamine K afin d'en mesurer les effets et d'adapter les posologies en conséquence.

Je ne ressens pas de stress particulier, j'ai bien compris l'intérêt du DSC dans mon corps, qui fonctionnera sans avoir besoin d'intervenir, et, d'un côté, ça me rassure. Je n'ai pas envie de connaître une nouvelle attaque cardiaque ni, non plus, que ma famille subisse encore les aléas de ma maladie. Elle est devenue lourde à porter et chacun y met du sien pour que je ne me sente pas mise à l'écart.

Les cinq jours passent relativement vite. On me donne quelques consignes telles que : placer le bras gauche en écharpe pour éviter tout mouvement brusque, ne pas lever les bras à 90°, prendre le temps du repos et de la cicatrisation pendant le 1er mois d'implantation… La vie reprend son cours normalement avec ce petit plus en moi. À la boulangerie, nous préparons les fêtes de Pâques.

Dix-sept jours plus tard, il est 3 h du matin quand je pousse un cri de douleur animal, qui nous réveille tous les deux. Une secousse me projette violemment à quelques centimètres de hauteur du matelas et m'y renvoie dans la seconde. Cette secousse terrifiante, par la violence du choc et son inhabituelle forme, nous met dans l'interrogation la plus totale. Ce soubresaut se produira ensuite toutes les 10 minutes à raison de six chocs chaque fois.

Anthony prend très rapidement les choses en main et appelle le SAMU de Vannes, qui envoie aussitôt une équipe… l'angoisse est à son paroxysme !

Il descend pour accueillir les pompiers, tout en me criant dans l'escalier qu'il est avec moi, tellement je suis effrayée. Il maintient le lien avec moi, par la voix. Et, malgré tout ce bruit et les sept personnes entrées dans l'appartement, Élouan, qui a tout juste 9 ans, continue de dormir dans sa chambre à côté de la nôtre. En revanche, à son réveil, il me cherchera partout avant d'avoir les explications de son papa, comme quoi je suis retournée à l'hôpital. Ça commence à être une habitude pour lui, telle une rengaine, tant il l'a entendue, mais il reste confiant, car il sait que je reviendrai comme chaque fois.

Pour me faire descendre de l'étage, les pompiers me portent sur une chaise avec des pieds en fer. Les secousses se sont calmées ou ils ont fait en sorte de s'isoler du métal, sinon je n'ose imaginer les dégâts qu'un courant électrique, de si forte intensité, aurait eus sur eux. Ça les projetterait probablement dans l'escalier, voire ça les électrocuterait.

Dans le véhicule de secours, je demande un bassin pour uriner et, à nouveau, j'ai des saccades tandis que le camion démarre. Une jeune pompière est horrifiée de me voir ainsi m'agiter. Elle regarde son chef et lui dit :

— C'est inhumain ! Est-ce qu'on ne peut pas, au moins, lui tenir la main à cette pauvre dame ?

– Mon Dieu ! Surtout pas ! Ne la touche pas ! lui répond-il de façon rude. Si tu la touches, nous serons tous projetés contre la paroi.

Ce regard de compassion qu'elle me jette alors me réchauffe le cœur. Je suis avec des personnes humaines, qui comprennent ce que je vis, qui font tout ce qu'ils peuvent pour que ça se passe le mieux possible pour moi. Ça m'aide à garder le cap pour rester en vie, envers et contre tout. Entre les décharges électriques reçues à la maison et celles pendant le trajet qui nous sépare du centre hospitalier de Vannes, à 30 minutes de chez nous, j'en compte trente et une.

Arrivés à l'hôpital, je regarde ma montre et je me mets à prier. Il faut que ça s'arrête au moins 20 minutes, soit deux cycles de secousses, sinon je préfère ne pas survivre. Je ne sais si c'est la force de persuasion, mais les chocs cessent effectivement. C'est alors qu'un immense infirmier, mesurant près de deux mètres, m'applique un aimant sur le DSC, ce qui me soulage immédiatement, et il le fixe à l'aide d'un sparadrap. L'information entre la canule et le boîtier sur le côté est ainsi interrompue. Nous apprendrons par la suite que la pose de cet aimant doit se faire avec précaution et sous contrôle médical, pour garantir le bon fonctionnement de l'appareil.

Il est 5 h lorsque les radiologues viennent dans ma chambre pour prendre des clichés de la sonde. Et, effectivement, ils constatent qu'elle s'est déplacée dans la veine cave. Délogée de l'avant du cœur, au niveau du sternum, elle ne transmet plus les informations correctes, ce qui explique les stimulations envoyées par le DSC, car il ne mesurait plus mon rythme cardiaque.

En fin de matinée, un rythmologue du centre hospitalier de Rennes vient en renfort et entre dans ma chambre. Il me dit qu'il va retirer l'aimant scotché sur ma cicatrice et qu'il va appliquer une tête de souris sur le boîtier du défibrillateur, afin de désactiver ses fonctions. Confiante, je le laisse décoller le sparadrap, mais là, un choc identique à ceux que j'ai connus cette nuit me secoue et traverse tout mon corps… Je hurle de douleur !

Mécontente, je lui lance un regard noir.

— Mais ça n'va pas, non ? Vous êtes incompétent ou quoi ? Remettez-moi cet aimant ! Si vous me l'enlevez encore, je vous attrape la main pour vous emmener.

Peut-être est-ce une vue de mon esprit, mais j'ai l'impression que la Docteur Hidden-Lucet a senti que quelque chose de grave se passait pour moi. En effet, au même moment, elle appelle la boulangerie pour avoir des nouvelles de sa patiente la plus éloignée géographiquement. Avec Anthony, nous avons bien remarqué un écran, au pied de notre lit, relié au DSC. Il est très probable que ce petit boîtier connecté envoie les informations de l'appareil, mais la Docteur ne nous a jamais dit quoi que ce soit à ce sujet. Aussi, je reste dans l'idée qu'elle a eu un pressentiment ce matin-là.

Anthony lui expose rapidement la situation et mon hospitalisation à Vannes, au milieu de la nuit. Elle contacte aussitôt le service dans lequel je suis admise. Pile au moment où le rythmologue cherche un autre moyen d'intervenir sur le DSC, je distingue et reconnais le son de sa voix au téléphone.

— Je veux que Madame Pontgelard soit rapatriée au plus vite, à Paris !

Je me demande comment elle a fait pour savoir que j'étais ici. Le texto reçu d'Anthony, pour me prévenir qu'il venait de l'avoir en ligne, me donne la réponse.

La Docteur Hidden-Lucet explique alors au médecin de Vannes la marche à suivre pour inhiber les fonctions de l'appareil.

— La tête de souris peut être posée directement sur l'aimant, cela fonctionnera quand même, il n'y aura pas d'interférences.

Puis elle demande mon transfert le soir même, en ambulance, pour une réintervention dès le lendemain matin.

Nous sommes mi-avril, je suis réopérée…

Tout se passe bien et cinq jours après, selon un protocole identique, je rentre chez moi.

Dix-sept jours plus tard, une radio de contrôle est prévue, afin de rassurer tout le monde sur la bonne installation de l'appareil.

Avec Anthony, un mercredi en fin de matinée, nous allons donc au centre de radiologie d'Auray, où nous avons nos habitudes. Nous nous garons à une cinquantaine de mètres, mais, à peine arrivés devant le laboratoire, une décharge me traverse le corps et me propulse en avant, me paralysant sur place. Je sais que c'est « ça ». Mon cerveau reconnaît immédiatement les signes. Les gens, dans l'abribus en face, doivent se demander ce qui m'arrive avec ces sursauts indépendants de ma volonté. J'ai mal… c'est insupportable !

— Entre dans le cabinet, me dit Anthony.

Avec une pointe d'agressivité et complètement terrorisée, je lui réponds :

— Je ne peux pas ! Ce n'est pas que je ne veux pas, mais je suis incapable de bouger… Je suis tétanisée !

Il comprend aussitôt et il sort l'aimant que les médecins lui ont confié à la suite du 1er épisode fâcheux. Il avait reçu leurs directives pour une utilisation surveillée, mais je crains que mal positionné, à quelques millimètres trop loin, il ne soit pas efficace. Il me demande de le tenir le temps d'aller prévenir les secours.

Anthony entre alors dans le laboratoire. Il demande à la secrétaire médicale d'appeler le SAMU. Pétrifiée, elle ne sait plus quel numéro composer.

— C'est le 17 ?

Il s'énerve en lui répondant :

— Mais, vous le faites exprès ou quoi ? C'est le 15 ou le 18.

Puis, il s'empare d'une chaise à roulettes pour venir me récupérer dehors.

Les pompiers sont rapidement sur place. Ce n'est pas la même équipe que la dernière fois. Ils prennent les premières constantes et une discussion s'engage sur le bien-fondé de l'aimant, dont ils ne connaissent pas la fonction. Heureusement, personne ne tente de me l'enlever. De toute façon, je suis comme un animal en souffrance et sur la défensive. Je suis tellement effrayée que je tiens fermement l'aimant sur ma peau. J'accepte, après quelques négociations, de déplacer un peu ma main pour qu'on puisse me le scotcher. Malgré le sparadrap, je ne peux m'empêcher de remettre aussitôt ma main dessus, pour le tenir. En dépit de mon tempérament enjoué, je n'arrive même plus à sourire.

Dans le camion, je suis surveillée par monitoring. Les pompiers peuvent ainsi vérifier mes fonctions, même si l'aimant rend le DSC inactif.

On me conduit aux urgences, Anthony nous suit en voiture. À l'hôpital, je suis très vite prise en charge et placée sous contrôle cardiaque permanent. Anthony appelle tout de suite Paris, qui demande la même démarche de transfert qu'à la première anomalie du DSC, mais cette fois-ci, le voyage n'aura lieu que demain par manque d'ambulance disponible.

Vers 15 h, un médecin-cardiologue vient me rendre visite et veut retirer l'aimant, afin de procéder à la désactivation du défibrillateur.

Décidément, me dis-je, je ne tombe jamais sur les bonnes personnes… ce qui ne me rassure pas. Je refuse catégoriquement d'obéir à cette directive et lui indique la manière de faire, à travers l'aimant. Il finit, bon gré mal gré, par accéder à ma demande, certainement vexé qu'on remette en cause ses compétences.

Le lendemain, le trajet pour la Pitié-Salpêtrière me laisse tout le loisir de la réflexion et mes idées se bousculent à toute vitesse. Je ne veux plus entendre parler de cet appareil et puis tant pis si c'est risqué, mais je ne veux plus vivre avec cette angoisse permanente des « dix-sept jours ». Je vais en parler à la Docteur Hidden-Lucet, en arrivant à l'hôpital. Je suis sûre qu'elle comprendra et accédera à ma requête.

On m'installe dans une chambre individuelle. Quand la Docteur Hidden-Lucet entre, elle me salue et prend une chaise pour s'asseoir en face de mon lit.

— Le bloc est réservé pour demain matin. La fragilité de vos ventricules est en partie responsable de la mauvaise implantation de la sonde, mais tout sera mis en œuvre pour que ça fonctionne normalement. La durée de vie d'un tel appareil est de cinq ans, en moyenne. Comme il a été fortement sollicité, lors de ces épisodes de fibrillation, nous allons en changer ainsi que la canule, pour optimiser sa longévité.

Je la laisse exposer son laïus et, posément, sans larmes (elles avaient déjà trop coulé), je lui dis :

— Je ne referai pas cette opération. Tant pis pour les conséquences, mais je n'en veux plus. C'est définitif !

Elle ne présente aucun signe d'exaspération et me répond de façon bienveillante :

— La nuit porte conseil. Demain, même si vous venez au bloc, vous pourrez toujours décider de faire marche arrière. Nous respecterons votre décision.

Sa réaction me surprend : j'imaginais qu'elle ne m'aurait pas laissé le choix. Je suis contente d'avoir pu m'exprimer et je reste campée sur mes positions.

Alors que la Docteur Hidden-Lucet s'est retirée, un patient frappe à ma porte.

— Bonjour Madame !

— Bonjour Monsieur !

— Je viens vous donner mon brumisateur. Demain, je sors et je n'en aurai plus besoin.

Un peu curieux comme démarche, mais, pour ne pas paraître impolie, je l'invite à entrer.

— Ah ! D'accord. Merci Monsieur ! Vous voulez bien le déposer dans la salle de bain ?

— Oui, bien sûr !

Puis, me voyant toute souriante et avenante, il poursuit la conversation.

— Avant, j'étais pilote de ligne chez Air France. Un jour, j'ai fait un contrôle cardiaque de routine. J'y suis allé avec ma femme et mon fils aîné. Et là, tout à coup, je suis parti. J'étais en état de mort cérébrale. Heureusement que j'étais déjà à l'hôpital !

Il sourit et continue :

— C'était vraiment bizarre, car je n'ai rien ressenti de particulier. Pour vous dire, je ne me suis même pas vu partir ! Pourtant, il y a quelque chose que je n'oublierai jamais : c'est le regard de mes proches. Ils avaient l'air bouleversés quand j'ai repris connaissance. Bon, j'ai été très vite pris en charge par les médecins, qui m'ont posé un défibrillateur. Du coup, pour moi, ça a été comme un salut, une seconde chance de prolonger ma vie.

Je dois admettre que la visite de cet homme, bien évidemment arrangée, m'a fait réfléchir. Il ne connaissait absolument pas mon parcours et devait penser qu'il était juste là pour rassurer une consœur d'infortune, sur l'implantation de cet appareil. Mais il est sûr que si la Docteur Hidden-Lucet m'avait envoyé un psychologue pour en discuter, je me serais braquée.

Le lendemain, lors de ma descente au bloc, j'étais prête pour l'opération. J'avais fini par l'accepter.

Quelques jours plus tard, c'est enfin la date du retour à la maison, mais je suis inquiète. Je ne veux plus revivre cette échéance du 17e jour ! En accord avec les médecins, Anthony et moi avons fait une demande pour une prise en charge de trois semaines d'hébergement, à Kerpape[14]. Cela me permettra de rééduquer mon cœur, avec ce nouvel appareil, tout en surveillant l'implantation du défibrillateur.

Je connais déjà les lieux, les praticiens et le mode de fonctionnement. J'y ai fait un passage, les week-ends où je rentrais, à la suite de ma 2e crise cardiaque début 2011. Cette fois-ci, la sortie en fin de semaine ne sera pas possible. Je resterai en immersion complète, jusqu'à la fin du séjour. Ma chambre, comme toutes celles du centre d'ailleurs, est avec vue sur la mer et orientée plein sud.

À notre étage de soins, avec mon équipe « d'accidentés du cœur[15] », nous partageons une salle à manger commune avec les amputés et les grands brûlés… de quoi faire réfléchir sur sa propre situation et sur la nature humaine en général. Il y a une belle entraide dans ce centre, c'est un principe ici, mais il y a aussi l'acceptation de l'autre, tel qu'il est, sans cliché ni regard intrusif. Je crois que tout le monde devrait passer la porte de ce type d'établissement, un jour. Ça permettrait de relativiser sur ses propres besoins et, peut-être, de changer d'idée sur le handicap. En tout cas, c'est ce qu'ont vécu Anthony et Élouan, en venant me rendre visite.

Anthony me racontera plus tard que, lorsqu'il arrivait, il roulait à bonne allure, impatient de me rendre visite, mais, quand il repartait de Kerpape, il se laissait tout le temps du retour pour encaisser le choc de ce qu'il avait vu dans ce centre !

---

[14] Centre Mutualiste de soins de suite et de réadaptation fonctionnelle (SSR) à Ploemeur, près de Lorient. Ce centre est spécialisé en rééducation et réadaptation fonctionnelles, ainsi qu'en médecine physique et de réadaptation (MPR).

[15] Aucun n'a de DSC, mais la plupart ont un pacemaker.

Un jour, dans cette salle commune, où nous pouvons recevoir nos familles et où nous pouvons profiter de boissons chaudes ou froides[16], un patient tétraplégique, allongé sur un lit mécanisé, demande à mon mari :

— Vous pouvez me servir un café avec une paille, s'il vous plaît ? Prenez la monnaie dans ma poche pour payer.

L'humilité est à son comble, et nous nous souviendrons toute notre vie de ce garçon d'à peine 30 ans. Que lui était-il arrivé ? Comment a-t-il fini comme ça ? Ces questions, on ne les pose pas ni même à soi d'ailleurs… on vit ensemble, tout simplement !

Une autre fois, Élouan vient me rendre visite en fauteuil roulant, à cause d'une double entorse. Il croise alors un enfant de son âge dans les couloirs du centre. Innocemment, ils commencent à discuter et le jeune garçon explique au nôtre comment utiliser toutes les fonctions de son fauteuil. À ce moment-là, aucun des deux ne relève le fait que l'un en sortirait bientôt, tandis que l'autre y resterait à vie. Le concept n'est même pas évoqué, ils sympathisent, partagent un moment, puis se disent au revoir, tout simplement…

Pour ma part, ces trois semaines auront été très constructives. Oh ! non pas par rapport au handicap – mon regard est déjà empreint de tendresse, de respect et sans jugement, par mon éducation et par les difficultés rencontrées par ma mère –, mais plutôt grâce à mon équipe de dix ou douze « cardiaques », avec qui j'ai fait d'énormes progrès. Je ressors de cette aventure non seulement remise en forme, mais également grandie. Et, cerise sur le gâteau, le 17ᵉ jour est un jour comme les autres !

Ce dimanche-là, Anthony et Élouan viennent me chercher avec des pâtisseries et nous profitons du beau temps pour nous promener dans le parc du centre de Kerpape.

[16] Chacun se sert et met la somme indiquée dans une boîte.

Ouf ! La troisième fois est la bonne. L'implantation du défibrillateur tient correctement. Lors de chaque contrôle, on vérifie même que la durée de vie de l'appareil est satisfaisante.

Dès lors, chaque année au printemps, je consulte le cardiologue, la rythmologue et l'hématologue. C'est ma journée médicale, qui me permet de faire un bilan complet et de me rassurer sur le bon fonctionnement de mon corps.

Toutefois, les spasmes restent le point noir de ma santé. À chaque moment de fatigue ou de stress, ils réapparaissent et sont difficiles à enrayer. Une des solutions privilégiées est la prise de Natispray[17]. La transmission du principe actif se fait directement par un patch appliqué au milieu de la poitrine, pour se diffuser dans le sang. Son efficacité est quasi immédiate et l'on doit le garder douze heures. Mais ce médicament occasionne des effets secondaires non négligeables, tels que maux de tête, parfois violents, et grosse fatigue. Il m'arrive souvent, après la pose de ce patch, de dormir plusieurs heures d'affilée sans même m'en rendre compte. Généralement, je mets une journée à récupérer !

En dehors de ces désagréments, outre le fait que je ne sois pas toujours à l'aise avec ce défibrillateur, je dois admettre que ma vie se passe plutôt bien.

Alors que je dois voir le Professeur Montalescot pour une consultation de suivi, Anthony lui demande s'il peut le recevoir, avec moi, lors de cette visite. Après les difficultés d'implantation du DSC, il a eu un trop-plein d'émotions et il a besoin de savoir à quoi s'en tenir. Nous pensions le voir quelques minutes avant mon rendez-vous à 14 h, mais, contre toute attente, il nous propose de nous recevoir dans son bureau, de façon plus intimiste, trois quarts d'heure avant ma consultation. Bien qu'ils se soient déjà vus, c'est la première fois qu'Anthony le rencontre de façon plus personnelle. Nous sommes tous les deux intimidés, alors que le Professeur, en pantalon de costume et chemisette, est très à l'aise. Nous lui offrons des chocolats pour le

[17] Médicament vasodilatateur, qui prévient les spasmes des artères coronaires.

remercier, ce qui est la « marque de fabrique de la maison Pontgelard ». Il nous fait asseoir, Anthony face à lui et moi légèrement décalée sur la gauche, puis en regardant Anthony, il lui dit :

— Alors, comment ça va ?

— Eh bien ! Pour Gaëlle…

Il l'interrompt :

— Ah non, non ! Je ne vous parle pas de Gaëlle. Je sais comment elle va, je l'ai eu assez entre mes mains. Ce qui m'intéresse c'est vous et votre fils, vous deux. Comment allez-vous ? Comment vivez-vous ça ? Est-ce que ce n'est pas trop compliqué au quotidien ? Vous avez des ascenseurs émotionnels très importants. Alors, dites-moi, comment allez-vous ?

Il s'en est suivi une discussion assez informelle. Le Professeur est décontracté, super agréable et plaisante avec Anthony. Il a désacralisé l'instant. Il conforte mon mari au sujet de l'aimant, car il a suffisamment de sang-froid pour le gérer. Pour le Professeur et l'équipe médicale, Anthony est l'interlocuteur idéal, digne de confiance, capable de dire ce qui ne va pas au sujet de ma santé, sans paniquer. Le Professeur a un jugement sûr à propos d'Anthony.

Après être sortis de son bureau, avec Anthony, nous nous sommes regardés. Quelle sacrée rencontre ! C'est un ovni, cet homme ! Ce n'est pas possible… Personne n'a jamais pris le temps de s'inquiéter de ce que vivait mon entourage, de vraiment s'intéresser à la manière dont Anthony et Élouan pouvaient ressentir les choses. Nous sommes ébahis par tant d'humanité, émanant du Professeur.

Ma consultation ensuite reste tout à fait classique. Entre le bureau du Professeur et son cabinet, nous sommes passés d'un monde à un autre complètement différent.

V
La troisième crise

En décembre 2013, pour pouvoir partir en voyage, Anthony doit refaire des photos d'identité. Nous profitons de quelques courses à faire, pour nous rendre dans une grande surface à Vannes, un mercredi.

J'ai passé une très bonne nuit. Autant ces derniers jours, je me sentais un peu fatiguée, que ce matin-là, tout va bien et je suis vraiment en forme.

Arrivés dans le hall, nous repérons le Photomaton et j'attends Anthony, à l'extérieur de la cabine, pendant qu'il entre pour se faire prendre en photo. D'un seul coup, tout devient flou, le sol se dérobe sous mes pieds et j'ai l'impression que mon cerveau me lâche. Je me sens tomber en douceur par terre.

Quelqu'un s'est baissé près de moi et m'interpelle :

— Madame, réveillez-vous ! Vous allez bien ?

Je ne réponds pas, je suis dans un état de flottement où tout est agréable. Je me sens très fatiguée, le mieux serait de me laisser dormir… mais la personne insiste, à tel point qu'Anthony l'entend et se demande ce qui se passe. Sans avoir eu le temps de finaliser quoi que ce soit, il sort de la cabine. Un attroupement s'est déjà formé autour de moi !

Il écarte la foule de badauds, s'éloigne et revient très vite vers moi, avec un pompier de la galerie commerciale. J'ai repris sommairement connaissance et je me mets à pleurer en voyant les yeux interrogateurs et inquiets de mon mari. Il me rassure en me disant de ne pas bouger. Il explique au pompier mon parcours médical insolite. Celui-ci nous fait alors entrer dans une petite salle privée, à l'abri des regards, pour prendre mes constantes et établir un premier diagnostic. Il veut appeler le SAMU, mais Anthony refuse. Il est prêt à lui signer une décharge s'il le faut, mais il préfère voir directement avec Paris, pour ma prise en charge.

Anthony amène donc la voiture devant l'entrée du centre commercial et le pompier m'aide à y monter. Nous appelons mon hématologue, la Docteur Annick Ankri. Elle faxe l'ordonnance au laboratoire d'Auray et demande à recevoir les résultats des prises de sang, dès qu'ils seront disponibles. En attendant, nous rentrons à la maison pour que je puisse me reposer. J'ai ce petit sentiment de culpabilité qu'à cause de tout ça, j'ai encore contrarié nos projets de la journée.

Le prélèvement sanguin, directement transmis à la Docteur Annick Ankri, avec une copie pour moi, ne révèle aucune anomalie, ce qui est plutôt rassurant. Je verrai à mon prochain rendez-vous, à la Pitié-Salpêtrière, avec la Docteur Hidden-Lucet et le Professeur Montalescot.

En avril 2014, j'arrive donc à Paris, pour mon rendez-vous de contrôle annuel du DSC. Les transmissions ont été régulièrement envoyées, avec la petite boîte sous mon lit, et la Docteur Hidden-Lucet constate que ce qui m'est arrivé près du Photomaton est un épisode isolé, car toutes les autres données sont correctes. Elle m'explique que mon cœur a dépassé les 240 pulsations par minute et que si le DSC n'avait pas été là, je serais certainement morte sur le coup. Mon cerveau s'est déconnecté en premier, par un afflux sanguin trop important. Sans l'appareil, mon cœur aurait lâché. Et dire qu'il avait été si pénible à mettre en place, en fait, il m'a sauvé la vie. Je n'ai même pas senti la décharge qu'il a envoyée à ce moment-là. Je n'ai pas l'impression d'avoir été longtemps partie, mais c'est probablement grâce à l'unique impulsion reçue, qui a été immédiate, que j'ai pu revenir à moi très vite.

Finalement, je ne regrette pas d'avoir fait cette troisième intervention. Au moins, ce jour-là, j'ai pu constater que cela avait été efficace. Depuis ce jour, le DSC est devenu mon « ami ». Je repense à la petite ruse de la Docteur Hidden-Lucet avec ce patient, pilote de ligne… elle a bien fait d'insister.

Ce que j'apprécie avec ces trois médecins qui me suivent, la Docteur Annick Ankri, la Docteur Françoise Hidden-Lucet et le Professeur Gilles Montalescot, c'est que, en dehors de ces rendez-vous, ils me laissent vivre normalement. Bien entendu, ils communiquent entre eux, mais s'il n'y a pas d'urgence pour moi, je suis tranquille et je ne m'angoisse pas inutilement.

De son côté, le Professeur Montalescot renouvelle mon ordonnance de médicaments et je repars sereine pour une année.

Il n'y a rien à faire, malgré tout ce que je peux subir, j'ai une soif de vivre intarissable. Je ne sais pas où je la puise, si ce n'est dans l'amour que me portent Anthony et Élouan. Cela me donne cette envie irrésistible de rester avec eux. Mais c'est indéniable : il n'y a pas grand-chose qui pourrait m'arriver aujourd'hui, qui m'amènerait à vouloir en finir avec la vie.

Après cet épisode, hormis des spasmes qui m'ont bloquée de temps en temps dans mon quotidien, je n'ai plus été ennuyée jusqu'en 2016. Il m'arrive parfois de vouloir me préparer à aller à la plage avec ma famille et de ne pas pouvoir le faire parce qu'il faut gérer cette contraction intempestive. Dans ces cas-là, je pose un patch de Natispray et je vais dormir, en laissant mon mari et mon fils faire, sans moi, ce qui était prévu.

Alors que nous devions partir en décembre 2013, en Espagne, nous pouvons enfin y aller en février 2015, pour les vacances. Nous retournons également en Guadeloupe, c'est un peu notre fief. De plus, les températures sont idéales pour mon état de santé.

En octobre 2015, le Professeur Montalescot souhaite rencontrer Anthony et Élouan, chez nous, à Locmariaquer. Il veut voir la boulangerie, les lieux où j'évolue, comme s'il voulait s'imprégner de mon monde. Il a de la famille dans le coin et il connaît bien l'affluence qu'il peut y avoir en été.

— Qu'est-ce que vous faites l'hiver ? Ça doit être particulièrement long…

C'est alors qu'il nous soumet une suggestion.

— Est-ce que vous avez déjà pensé à travailler en saisonnalité ? Avec la maladie de Gaëlle, et depuis le temps que ça dure, ce serait bien que vous puissiez profiter de vous. En étant sur la côte, vous pourriez ouvrir seulement l'été…

Anthony lui répond :

— Effectivement, c'est une bonne idée ! Nous avions déjà évoqué cette éventualité avec notre ancien comptable, mais ça n'avait pas été plus loin. Nous allons demander à Cyril, notre comptable, d'étudier ça.

Quelques semaines plus tard, nous demandons à Cyril de nous faire un bilan prévisionnel, pour estimer ce que cette fermeture entraînerait pour nos comptes.

En mars 2016, après nous avoir établi notre bilan annuel, il nous confirme que les mois d'hiver, l'ouverture de la boulangerie n'est absolument pas rentable. De plus, nous travaillons beaucoup pour peu de bénéfice et cela entraîne énormément de fatigue pour nous deux. Si les clients ne nous suivent pas, eh bien, tant pis ! Nous aurons essayé, mais ma santé passe désormais au premier plan. Il y a parfois des choix qui s'imposent dans la vie.

D'ailleurs, au mois de décembre 2015, Anthony a énormément travaillé sur ses mises en place pour les fêtes de fin d'année, mais pour pas grand-chose…

La décision est prise, dès cet automne, nous fermerons jusqu'en mars 2017.

En attendant, nous continuons à ouvrir 7 jours sur 7 pendant les vacances de printemps et d'été, lorsque les touristes sont là. Pour le reste de l'année, nous gardons le dimanche après-midi et le mercredi, comme jours de fermeture.

VI
Le bilan pré-greffe

Tout se passe bien jusqu'en juin 2016. Je ne me pose pas particulièrement de questions, quand le Professeur Montalescot me contacte directement.

— Bonjour Madame Pontgelard ! Il va falloir que l'on se voie pour un bilan de pré-greffe.

Bien que très confiante, je suis étonnée. Les deux dernières visites annuelles du printemps se sont pourtant bien passées.

Début juillet 2016, juste avant de nous enfermer à plein temps à la boulangerie, le Professeur Montalescot me reçoit pour un premier contrôle. Anthony m'a accompagnée, afin que je ne sois pas seule et que nous puissions profiter ensemble de ce dernier mercredi de repos. Nous voilà partis pour un aller-retour à Paris en voiture, dans la journée ! Un de plus, mais cela ne nous gêne pas, loin de là. Nous savons qu'au bout de cette route, il y a la satisfaction d'être bien accueillis, écoutés et surtout, pour moi, celle d'être bien soignée.

En arrivant, nous retrouvons Agnès, que j'ai déjà rencontrée auparavant. C'est l'une des infirmières attitrées du service de *Cardiologie* dirigé par le Professeur Montalescot. Tous les deux se connaissent très bien et s'apprécient, je les vois souvent plaisanter ensemble. Je crois qu'elle est, en quelque sorte, son bras droit. D'ailleurs, elle connaît parfaitement mon dossier. Je la trouve tellement professionnelle ! Elle est tout à fait à son poste, à l'affût du moindre détail et l'on peut facilement déceler que les médecins ont confiance en elle.

Le courant est passé immédiatement avec elle et le tutoiement s'est tout de suite imposé, sans même y réfléchir. Un jour, elle m'a d'ailleurs confié qu'elle consultait aussi la Docteur Ankri, pour un problème de rein. Habituellement, elle n'en parle pas, comme pour mieux laisser la place aux patients qu'elle accompagne et leur permettre de se libérer de leurs propres angoisses. Cette fois-ci, elle a évoqué cette similitude avec moi, très rapidement, sans plus de détails.

Lors d'une discussion, il y a quelques mois, alors qu'elle me préparait pour des examens tout en complétant mon dossier, elle m'avait dit que son mari adorait le far aux pruneaux et qu'elle, c'était le kouign-amann. Du coup, comme souvent depuis cette confidence, j'en avais apporté ce jour-là pour elle, mais aussi pour le Professeur Montalescot et pour les infirmières de la Docteur Hidden-Lucet. Ça me permet de leur témoigner d'un peu de douceur dans cet univers où elles sont parfois invisibles.

— C'est à toi ! me glisse discrètement Agnès dans la salle d'attente. Suis-moi !

Dans le cabinet, elle me demande d'ôter mon haut et mon soutien-gorge, puis elle me propose de m'installer sur la table d'auscultation. Elle me pose des électrodes ainsi que le tensiomètre. Je reste silencieuse pour ne pas perturber la prise de données. Elle retire ensuite le matériel de mesure et me couvre avec mon haut, pour que je n'attrape pas froid. Elle met ensuite mon dossier sur le bureau.

— Le Professeur sera très content de te revoir, me dit-elle avec un clin d'œil, en sortant du cabinet.

Je me lève pour déposer délicatement quelques douceurs chocolatées, pres dudit dossier, et retourne sur la table d'examen pour attendre patiemment le Professeur Montalescot.

Il entre à son tour et me salue chaleureusement avec bienveillance.

— Comment allez-vous, Madame Pontgelard ?

— Ça va bien, merci ! lui réponds-je avec un grand sourire.

Il regarde mes dernières analyses, puis ouvre mon dossier, bien qu'il le connaisse par cœur. Je l'ai toujours vu consulter ce dossier devenu conséquent d'année en année, avec tous les courriers échangés avec mon médecin traitant et les autres praticiens, les résultats d'examen, etc. Il en sort des pochettes pour être sûr de ne pas passer à côté de quelque chose dans son diagnostic et dans les suites à y donner.

Nous discutons de l'ordonnance en cours. Il tient à ce que je connaisse exactement la posologie de mon traitement, ce qui n'est pas toujours facile pour moi. Pour me soulager et m'éviter cette corvée, c'est Anthony qui gère le cadencier chaque semaine. Je peux, bien entendu, y participer, mais il me dit toujours : « Tu dois déjà les avaler. Je peux au moins te soulager en les préparant ! ». Cette fois-ci, pas de changement, juste une petite précision.

— Je vais transmettre un courrier à votre médecin traitant. J'y mettrai le compte rendu de ce jour et je lui indiquerai qu'on se revoit en octobre. Vous serez normalement moins occupée avec la boulangerie, nous pourrons alors faire une série d'examens. Il faudra prévoir environ une semaine d'hospitalisation.

Je ne bronche pas, j'ai entièrement confiance en lui, et je ne pose aucune question. S'il estime que c'est nécessaire, c'est lui le médecin, aussi je suis prête pour ce prochain rendez-vous… Je prends l'ordonnance qu'il me tend. J'ai bien compris que personne d'autre que lui ne peut la modifier et je l'avertis toujours si l'on me prescrit autre chose.

Agnès, qui est revenue, me raccompagne jusqu'à la salle d'attente, où m'attend Anthony. Elle me rassure :

— Si tu dois être greffée, je serai là pour toi. Je t'apporterai des magazines et l'on ira boire un café.

Je retrouve Anthony à qui j'annonce que tout va bien, mais que je dois revenir en automne pour d'autres examens. Il va falloir que je revienne pour un check-up complet.

Fin août, nous recevons les indications pour ma prochaine hospitalisation. Je n'imaginais même pas qu'on puisse faire autant d'examens… On va m'observer sous toutes les coutures.

Début octobre, j'arrive donc à la Pitié-Salpêtrière. Là, je passe un scanner[18] classique dans le tunnel, suivi d'un scanner de contraste avec injection d'un produit à base d'iode. Après la prise de sang et l'électrocardiogramme, le Professeur Montalescot m'envoie vers son confrère, le Professeur Richard Isnard, chef du service *Échographie* de la Pitié-Salpêtrière, pour un nouvel examen : l'échographie transœsophagienne (ETO).

C'est Marilyne, une infirmière très douce, qui m'accompagne. Je l'avais déjà croisée dans les couloirs et nous avions alors échangé quelques sourires. Il y a beaucoup de bonté dans son attitude et je suis tout de suite à l'aise avec elle.

Tant mieux, car cet acte est très particulier et déroutant. Il nécessite une anesthésie locale. Je dois me gargariser avec un gel goût framboise et le faire glisser doucement dans ma trachée pour l'endormir. Le médecin me met un cale-dents à l'entrée des lèvres, puis il m'explique :

— Je vais introduire un tube souple, avec une caméra miniature, dans votre bouche, puis dans votre larynx. La sonde va ensuite descendre dans votre œsophage jusqu'à l'arrière de votre cœur. Cela nous permettra d'atteindre les petites structures inaccessibles avec l'échographie transthoracique ou le scanner.

Je suis en panique totale… ça me paraît tellement barbare ! J'implore Marilyne du regard. Elle me parle délicatement pour me rassurer et me détendre, tout en me caressant les cheveux. C'est alors que tout s'éteint dans le cabinet. Le Professeur Isnard se tourne vers Marilyne.

[18] Tomodensitométrie. Examen radiologique permettant de produire des images en coupe de la partie du corps à analyser.

— Qu'est-ce qu'on fait ? Je retire le tuyau et l'on recommence tout quand l'électricité revient, ou bien l'on attend que les générateurs prennent le relais ?

Marilyne voit mon regard inquiet, qui la supplie : « Par pitié, ne l'enlevez pas ! Vous ne pourrez pas me le remettre. » Elle comprend aussitôt et dit au Professeur :

— Laissez-le, elle ne veut pas qu'on l'enlève ! Elle va tenir le coup, ça va bien se passer.

Je suis soulagée, elle a su déchiffrer ce que je voulais lui dire. Il ne faut pas que je bouge, mais je n'envisage pas de tout arrêter maintenant. Le tuyau est là, dans ma gorge, je gère ma respiration, comme Marilyne me l'a expliqué. Mon cerveau est concentré là-dessus et je ne me sens pas capable de le reprogrammer. J'attends une dizaine de minutes, le temps que le courant revienne, et le Professeur peut enfin pratiquer son examen.

Grâce à Marilyne et à la gentillesse du Professeur Isnard, très détendu et parfaitement précis dans ses gestes, cet acte se passe relativement bien, malgré mes appréhensions. J'ai même droit aux félicitations du praticien pour ma tenue calme et sereine, malgré l'incident.

— Je suis désolé, me dit le Professeur Isnard, ça a duré un peu plus longtemps que prévu. Ça n'aurait jamais dû arriver. En tout cas, bravo pour votre courage !

Décidément, ce genre de truc n'arrive qu'à moi ! Heureusement, Marilyne a su me temporiser et me servir d'interprète.

Des histoires humaines comme celle-ci j'en ai vu d'autres. Ces rencontres avec le personnel hospitalier de la Pitié-Salpêtrière sont vraiment exceptionnelles. La plupart d'entre eux connaissent par cœur les prénoms d'Anthony et Élouan… mes piliers !

Les jours suivants, il faut également pratiquer une échographie de mon tube digestif, toujours par voie orale jusqu'à l'estomac. Là encore, j'ai affaire à une praticienne incroyable, je ne ressens aucune douleur. Après cet examen, je peux enfin rentrer en Bretagne.

Novembre arrive et je poursuis mes examens de pré-greffe. À Crac'h, je profite des talents de notre dentiste, Loïc F., pour un contrôle dentaire complet, avec radiographie des dents et détartrage manuel. En effet, l'équipement électrique est déconseillé, afin d'éviter de potentielles interférences avec le DSC. Ça demande beaucoup plus de temps à Loïc et il doit s'adapter. Avant la visite, il s'est d'ailleurs renseigné et m'a prescrit un médicament pour éviter une infection. Du fait de mes différents traitements, certains anticorps sont plus faibles chez moi.

Puis, c'est le retour à Paris, mais cette fois-ci à l'hôpital Tenon, pour la gynécologie.

Je m'y rends avec Nathalie, ma cousine. Elle représente pour moi toute mon enfance et notre relation est véritablement basée sur cette période de nos vies. Nos retrouvailles nous ramènent chaque fois à cette époque rassurante et pleine de désinvolture, de fous rires, d'insouciance… En plus, nous en profitons pour nous faire chouchouter par notre tante Christine. Elle nous accueille de façon adorable, dans son appartement à Courbevoie, où nous pouvons profiter d'un couchage très confortable. Dès le premier matin, au petit déjeuner, elle a pour nous de délicates attentions gourmandes, qu'elle a préparées avec tendresse. Nous sommes fin prêtes pour partir à Tenon !

Nous gérons parfaitement notre trajet en métro jusqu'à notre destination. Tout va bien, mais c'est sans compter sur la taille de l'établissement. Nous faisons un grand tour de la bâtisse, avant de nous aventurer par une petite porte de service. Là, nous nous retrouvons dans la buanderie de l'hôpital, au milieu des bacs de linge et du personnel interloqué de nous voir arpenter ainsi les sous-sols. Un fou rire nous prend. Heureusement que nous sommes parties bien en avance, au cas où… Nous avons bien fait !

Tant bien que mal, nous trouvons un ascenseur qui nous permet de monter à l'étage supérieur, où nous serons sans doute davantage à notre place. Rien ne nous indique mon lieu de convocation. Peu importe, nous demandons gentiment notre chemin à un jeune interne en blouse blanche, que nous croisons dans le couloir. Il nous regarde, amusé par notre attitude guillerette, et nous dit :

— C'est là-bas, cette fenêtre juste en face !

L'espace d'un instant, nous nous regardons toutes les deux, puis nous regardons la fenêtre et nous éclatons de rire. Nathalie me dit :

— Tu nous imagines en Wonder Woman ?

Je lui réponds :

— C'est exactement ce que je pensais. On pourrait lancer une corde entre les deux bâtiments et rejoindre la fenêtre de l'autre côté.

Nous rions de plus belle. J'aime cette connexion avec ma cousine, qui nous fait avoir la même idée au même moment.

Plus raisonnablement, nous optons pour un choix plus classique de reprendre l'ascenseur, sortir de ce bâtiment, en refaire le tour, pour retrouver le service *Gynécologie* de l'autre bâtiment.

Mon rendez-vous est avec le Professeur Émile Daraï. Une secrétaire nous fait entrer et nous montre la salle d'attente, où nous voyons effectivement ladite fenêtre, indiquée par l'interne d'en face.

Le Professeur ne tarde pas à m'appeler dans son cabinet. Nathalie, qui m'accompagne jusqu'au bout, entre avec moi. Je commence par décrire au Professeur Daraï mon « pedigree » : cancer du col de l'utérus, deux conisations[19], fausse couche en 2009 et ligature des trompes. Il était effectivement très risqué d'entreprendre une nouvelle grossesse, avec cette fragilité cardiaque. Ainsi, nous avons dû nous résoudre à sortir du schéma « couple marié, avec deux enfants », mais nous n'avons pas manqué d'avoir les observations de clients ou

[19] Prélèvement d'un fragment du col de l'utérus en forme de cône, au cours d'une opération chirurgicale. Le fragment de tissu est ensuite examiné par un médecin anatomopathologiste afin de déterminer s'il contient des cellules cancéreuses.

d'autres personnes croisées temporairement. Certains sont même allés jusqu'à supposer que j'étais enceinte, à cause de mon surpoids.

Le Professeur Daraï me répond :

— Écoutez, je me fiche de vos états de service. Ce qui m'intéresse aujourd'hui, c'est de vous examiner pour me faire mon propre avis. Je pratiquerai les examens nécessaires à l'étude de votre cas. Je vous laisse donc vous déshabiller et vous installer sur la table d'examen.

Waouh ! J'en reste bouche bée… Malgré tout, je reste confiante, à la fois au vu de son âge avancé, des diplômes qui ornent son bureau, de son attitude assurée, mais aussi par son titre de Professeur. Je ne peux véritablement pas rétorquer et je m'exécute.

Il m'examine et me demande, pour la première fois, si je ne souffre pas de symptômes inhabituels, mais rien ne me gêne particulièrement. En fait, il soupçonne une adénomyose[20]. Il me prescrit alors une échographie pelvienne, avec un spécialiste qui officie au sein de l'hôpital. Puis, il ajoute, avec fermeté, que je dois impérativement la faire sous son contrôle et uniquement sous le sien… Il y ajoute une mammographie. D'ailleurs, pour plus de sûreté, il prend directement les rendez-vous pour moi, afin que je fasse ces deux examens dès ma sortie de son cabinet.

Aussitôt dit, aussitôt fait, Nathalie et moi reprenons l'ascenseur pour le rez-de-chaussée, direction le service *Radiologie*, où je suis attendue.

Aucun dysfonctionnement n'est décelé lors de la mammographie, tandis que l'échographie pelvienne ne sera pas assez probante pour pouvoir correctement identifier l'adénomyose.

Toutefois, plus tard, ce problème gynécologique me rattrapera et engendrera des complications importantes sur ma santé. Son professionnalisme, ce jour-là, aura permis de soulever cette anomalie, qui a ensuite été confirmée par ses confrères, faisant écho à son diagnostic.

[20] Usuellement définie comme étant de l'endométriose interne à l'utérus. Anomalie de la zone de jonction entre l'endomètre (muqueuse qui tapisse l'utérus) et le myomètre (muscle de la paroi utérine), qui va laisser les cellules de l'endomètre infiltrer le myomètre.

C'est ainsi que notre périple parisien s'achève, après ces quelques jours passés dans notre bulle d'enfance.

En ce qui concerne l'ophtalmologie, tout va bien ! Un contrôle rapide ne présentera aucune anomalie.

Les examens terminés, je suis prête pour ma première rencontre avec le médecin référent du service de *Chirurgie thoracique et cardio-vasculaire*, en hôpital de jour. Cela deviendra ma « deuxième maison », mais à ce stade de mon parcours, je n'en ai pas encore conscience.

VII
Sur la liste orange

Après ce bilan de santé complet, Anthony m'accompagne à la Pitié-Salpêtrière, début décembre 2016. Bienveillant, il profite de notre premier automne/hiver de fermeture pour être avec moi. Les clients de la boulangerie ont été formidables et ont très bien compris notre besoin de prendre du temps pour nous.

À notre arrivée à l'hôpital de jour, je me présente à l'accueil du service de *Chirurgie thoracique et cardio-vasculaire où* je rencontre Magalie, l'une des infirmières. Je ressens une grande humanité à son contact. Elle prend mon dossier, puis m'invite à suivre Lionel, l'aide-soignant référent, qui s'occupe des patients de cette unité de jour.

Il nous conduit, Anthony et moi, dans une salle d'attente, avec un petit coin salon et un autre destiné aux patients qui restent sur place toute la journée. Là, un déjeuner m'a été servi. Des thermos de boissons chaudes et des bouteilles d'eau ont été mises à disposition des patients, pour qu'ils puissent s'hydrater correctement.

Plusieurs patients sont réunis dans cette salle. Dès notre arrivée, avec mon sourire légendaire, j'attire très vite l'attention sur nous. Il faut dire qu'Anthony et moi, nous entamons assez facilement la discussion avec des inconnus.

Très vite, l'un d'eux me demande :

— Et alors toi, du coup, tu es greffée depuis quand ?

— Ah, mais non ! Moi je ne suis là que pour un contrôle. La greffe n'est pas encore envisagée pour moi… En plus, mon problème ne vient pas véritablement du cœur, mais il est localisé sur les coronaires.

— OK ! me répond le patient, un peu désabusé.

Un infirmier, en tenue de bloc, arrive bientôt dans l'encadrement de la porte et dit :

— Ça y est, nous sommes prêts. Le Docteur Untel[21] est en place et nous allons vous appeler un par un. Le premier à passer aujourd'hui sera M. Dupont[21].

Les patients se regardent alors et disent :

— Cool ! C'est le Docteur Untel. Ça va être une bonne session.

Puis, au patient appelé :

— Bon courage, à tout à l'heure !

Je suis étonnée de voir un infirmier en tenue de bloc. J'imagine qu'au rez-de-chaussée de l'HD1 (hôpital de jour 1), il n'y a que des bureaux et des cabinets d'auscultation. Pour moi, les salles d'opération doivent être au sous-sol…

C'est le silence complet jusqu'au retour du premier patient qui revient, l'air un peu hagard. Il tient sa main posée sur un pansement compressif, à la base de son cou. Les autres l'interpellent.

— Alors ? Ça s'est bien passé ? Tu as pris le gaz ?

J'observe et je souris, sans comprendre encore ces codes. Pour l'instant, je n'ose pas poser de questions, auxquelles je ne souhaite pas avoir de réponses. Je préfère rester dans un déni plutôt confortable.

Quelques heures passent avant qu'un médecin vienne vers nous. Elle se présente comme étant la Docteur Salima Ouldammar et nous invite à la suivre dans son bureau.

C'est une personne extrêmement agréable et douce, qui nous souhaite la bienvenue, dans ce nouvel univers.

— À la vue de votre dossier, vous allez être enregistrée chez nous comme personne à risque, potentiellement en besoin de greffe. Ce

---

[21] Les noms ont été volontairement changés.

n'est pas la liste d'attente pour être greffée, mais ces examens permettront de gagner du temps pour vous basculer sur cette liste plus rapidement, si nécessaire.

Je serai donc sur une liste « orange » en attendant de passer sur la « rouge ». Je n'y suis pas encore, mais ça ne veut pas dire que je n'y serai jamais.

Elle poursuit :

— C'est juste une formule pour vous indiquer que vous êtes une patiente suivie au sein de notre pôle. Vous serez régulièrement convoquée pour un bilan comparatif de votre santé cardiaque. Mais, bien entendu, vous continuerez à voir votre cardiologue référent, le Professeur Gilles Montalescot, en alternance. Nous verrons ainsi comment évolue votre cœur.

Je suis rassurée : pour le moment, il n'y a pas de quoi s'affoler. Ce sera un suivi régulier, sur une période de deux à cinq ans, avec des examens de contrôle à renouveler, pour surveiller au plus près mon cœur. Elle ajoute :

— Si au bout de cinq ans, le médicament suffit et que vous n'avez pas besoin de greffe, nous pourrons considérer qu'il n'y a pas lieu de la faire.

Elle termine sa consultation en me donnant rendez-vous en février 2017.

Avec Anthony, nous prenons cette information comme elle vient…

Les mois passent rapidement sans complication, d'ailleurs, je me sens particulièrement bien. C'est à nouveau la Docteur Ouldammar qui nous reçoit. Anthony m'accompagne encore, car la boulangerie ne rouvrira qu'en mars. La cardiologue me trouve en bonne condition physique.

— Je ne comprends pas ! Contre toute attente, vous avez une forme olympique. Franchement, tant mieux ! Je vous avais donné ce délai entre deux et cinq ans en décembre dernier, je savais que ça pouvait varier du jour au lendemain, mais là, c'est un revirement plutôt positif. Votre état de santé ne nécessite pas de changement et nous restons donc sur une période de cinq ans, pour l'inscription sur la liste des demandeurs d'organes. Pour moi, vous ne serez pas greffée de sitôt.

Ouf ! La transplantation est encore loin d'être à l'ordre du jour pour moi, même si je continuerai à la voir tous les trois mois, pendant la première année. La batterie complète des examens, quant à elle, se refera tous les deux ans.

Soulagés par ce rebond extraordinaire que la vie nous accorde, Anthony et moi repartons heureux. Avec la reprise de notre activité dès le mois de mars prochain, nous décidons que je me rendrai seule en train à ce rendez-vous en mai. Ce sera l'histoire d'un aller-retour dans la journée, en TGV, et le tour sera joué !

VIII
Ça se précipite

La reprise du travail se déroule normalement, en toute tranquillité. Au départ, il y a le temps que les clients se réhabituent à notre ouverture et à nos horaires. Mais, ils jouent le jeu et, heureusement, car, sans cela, nous n'existerions plus aujourd'hui.

Début avril, les choses s'accélèrent avec Pâques et les vacances scolaires de printemps. Je commence à ressentir une fatigue non feinte. J'en fais part à Anthony.

— Il y a quelque chose qui me gêne. Comme si ça me tirait dessus et que ça venait me cueillir, mais je ne sais pas ce que c'est, ni d'où ça vient… Je suis très fatiguée.

En tout cas, à ce moment-là, je n'arrive pas à identifier ce qui m'arrive. Je ne me sens vraiment pas en forme, mais je ne suis pas essoufflée comme j'avais pu l'être avant. Bien entendu, je ne m'écoute toujours pas et je ne consulte pas. Je me dis qu'à mon rendez-vous dans trois semaines, à Paris, je verrai bien directement là-bas ce qu'ils en pensent.

Je suis arrivée à Chartres la veille de mon rendez-vous, afin d'être à la Pitié-Salpêtrière, dès ce matin du 4 mai 2017, à 8 h 30.

Je suis à nouveau accueillie par Magalie, la charmante infirmière que nous avions déjà rencontrée. Elle enregistre mon dossier pour la journée, puis me fait patienter quelques instants dans la salle d'attente vide, au rez-de-chaussée de l'hôpital de jour.

Au programme : prise de sang, mesure de ma tension, électrocardiogramme, puis je reverrai Magalie pour discuter de quelques points, des détails particuliers à évoquer et de l'ordonnance en cours. Je me sens très fatiguée, mais relativement sereine et convaincue qu'à l'issue des examens d'aujourd'hui, on me dira ce qu'il en est réellement. Je sais qu'il y a quelque chose et je reste convaincue qu'on va trouver ce qui me gêne et qu'on me donnera un traitement pour soigner ce trouble.

Magalie me demande ensuite de la suivre, pour aller en box de prélèvement sanguin, à trois pas d'ici.

L'infirmière, Manue, trouve ma veine assez facilement, ce qui n'est pas toujours le cas, et la prise de sang se fait avec assurance. À peine l'acte fini, je me sens un peu étourdie. Manue m'explique que je dois prendre le temps de me lever, car si ma tension est trop basse, je risque de m'évanouir.

Je peine à retrouver mes esprits. Il faut dire que cette prise de sang a été particulièrement importante, dix-sept ou dix-huit tubes de prélèvement ont été nécessaires. En me concentrant, j'arrive péniblement à atteindre un fauteuil dans la salle d'attente, sous le regard interrogateur de l'équipe médicale. Je leur souris, confiante, donnant l'air d'aller bien…

Mais, à peine quelques secondes après m'être assise, une bouffée de chaleur intense me submerge. Je regarde rapidement autour de moi. D'autres patients m'observent sans comprendre ce qui se trame. Je leur dis :

— Je crois que je vais m'évanouir. Appelez un médecin, s'il vous plaît !

Et puis, plus rien…

Lorsque je reprends mes esprits, je suis allongée sur un lit d'hôpital, dans un des box de prélèvement.

La Docteur Shaida Varnous, que je vois pour la première fois, se présente à moi. Très douce, posée, elle me demande ce qui s'est passé. Je lui raconte brièvement la scène et j'ajoute :

— Depuis quelques jours, je me sens très fatiguée. Par moments, j'ai le sentiment que quelque chose ne fonctionne pas, mais sans pouvoir définir un symptôme ou une douleur en particulier.

Elle pratique alors un électrocardiogramme, une prise de tension et une échographie directement sur place, dans le box où je me trouve. De toute manière, je suis incapable de me lever pour l'instant.

À la fin des examens, la Docteur Varnous m'indique que, par sécurité, je vais devoir rester quelque temps hospitalisée, au sein de l'établissement.

— Je ne comprends pas ! Lorsque vous êtes venue en février, tout allait bien, mais là, j'ai l'impression que ça se dégrade. Vous allez devoir faire d'autres examens.

On m'installe alors dans une chambre du 2e étage, en hôpital de semaine, au service *Cardiologie*. J'ai confiance et, comme d'habitude, je me laisse guider.

Un interne entre dans ma chambre et m'explique qu'il va me poser une perfusion, avec un traitement diurétique d'héparine[22], pour éliminer l'eau que j'ai dans les poumons. À la fin de ce traitement, j'apprendrai qu'il y en avait dix-sept litres.

En fin de journée, après le passage des infirmières et aides-soignantes, mon visage s'illumine à l'arrivée du Professeur Montalescot.

— Bonjour Madame Pontgelard ! Vous avez fait une embolie pulmonaire[23]. Vous avez plusieurs litres d'eau dans les poumons. Le ventricule gauche est dilaté et prends beaucoup de place. Votre cœur a atteint une telle grosseur qu'il a décompensé et la pompe ne fonctionnait plus correctement.

Le lendemain matin, à mon réveil, je découvre que j'ai un œdème aux chevilles et aux mollets. Mais on me dit que c'est normal compte

---

[22] Anticoagulant à action immédiate.

[23] L'embolie pulmonaire est l'obstruction d'une artère pulmonaire ou de l'une de ses branches, en général par un caillot de sang. Elle provoque des dommages au niveau du poumon atteint et la partie lésée ne peut plus fournir d'oxygène à l'organisme.

tenu du diagnostic établi la veille. Le traitement en cours viendra à bout de cet effet secondaire. Je me lève uniquement pour aller aux toilettes ou pour me laver sommairement.

Une infirmière entre dans ma chambre et me demande de m'asseoir sur une chaise, sous laquelle se trouve une balance. C'est l'heure de la pesée, me dis-je amusée, jusqu'au verdict… 114 kg ! Ah oui, quand même ! Je suis seule pour affronter cette réalité : l'obésité. J'ai toujours aimé ces formes qui me définissent généreusement, mais là, ça fait beaucoup et c'est quand même dur à encaisser.

Pourtant, je ne m'en préoccupe pas plus que ça. Je considère que, pour le moment, mon état doit se stabiliser et que ma priorité est de pouvoir rentrer chez moi. J'ai et j'aurai sans cesse cette idée, que ma vie est auprès d'Anthony et d'Élouan. Je dois assurer mon rôle de mère, de conjointe et de collaboratrice pour notre entreprise.

Je reste une dizaine de jours. Malgré tout, ils me paraissent si longs, avec Anthony laissé seul pour mener notre barque. La veille de mon départ, une infirmière m'indique que je peux rentrer chez moi dès demain. Je commande un taxi conventionné, avec mon chauffeur habituel, Romain, et je prépare mes affaires. J'appelle ensuite Anthony, euphorique, pour lui annoncer que je rentre à la maison.

Puis le jour tant attendu arrive enfin. Romain a pris la route depuis la Bretagne et doit venir me récupérer après le déjeuner, directement dans ma chambre. Mon repas arrive et je mange de bon cœur. Autant partir avec le ventre plein pour faire les cinq heures de route qui me séparent de ceux que j'aime.

Mes affaires sont prêtes. Je me suis organisé pour tout réunir, ranger et laisser cette chambre aussi propre et nette que possible. J'ai beaucoup de respect pour les aides-soignantes et les femmes de ménage qui passent derrière moi.

C'est alors qu'une jeune femme brune, une infirmière très charmante, entre dans ma chambre. Il émane d'elle une grande humanité. D'une voix très douce, elle me dit :

— Bonjour Madame ! Je suis Marlène, infirmière de l'hôpital de jour et coordinatrice de greffe. Je souhaiterais m'entretenir avec vous. Puis-je m'asseoir là, au bout de votre lit ? Ça ne vous dérange pas ? Vous pouvez continuer à manger si vous voulez, je n'en aurai pas pour très longtemps.

Quel joli prénom, me dis-je ! Pas de souci si tu veux qu'on parle. C'est sympa de la compagnie juste avant mon départ. Elle est souriante, apaisante et je me sens à l'aise.

— Bonjour Marlène !

— Bon ! Je vous ai bien inscrite sur la liste des personnes en attente de greffe cardiaque. Je dois toutefois vous demander votre accord explicite pour cette inscription. Le mieux serait de vous y enregistrer dès demain, pour que vous ayez le plus de chance d'être retenue, lorsqu'un greffon compatible sera disponible.

Pendant qu'elle me parle, je ne vois que ses lèvres bouger et mon cerveau n'intègre pas vraiment ses mots. J'ai le sentiment de ne regarder, ou plutôt de ne vouloir regarder, que son sourire et sa douceur.

— Madame, vous comprenez ? C'est important !

Elle s'aperçoit très vite qu'elle ne capte pas mon attention. Je continue à manger comme si de rien n'était, sans répondre à son monologue.

Elle a dû se tromper de chambre… Instinctivement, je lui montre mon bracelet.

— Ah, mais non, je suis Gaëlle Pontgelard ! Je suis née le 18 avril 1975.

— Oui, oui, je sais ! C'est bien vous que je viens voir.

Ma fourchette reste alors en suspens devant ma bouche. Je la regarde fixement, avec une légère pointe de désespoir.

— Marlène ? C'est ça, hein ?

— Oui.

— Eh bien, écoutez Marlène ! Vous êtes absolument adorable, mais à mon avis, vous vous êtes trompée de chambre ! Je vais beaucoup mieux et ma dernière visite à l'hôpital de jour montrait, enfin avant ce fâcheux épisode bien sûr, que j'avais un regain d'énergie et que mon cœur supportait bien le traitement.

Elle comprend aussitôt ce qui se passe et reprend :

— Ah ! Vous n'êtes pas au courant ? Personne n'est venu vous voir pour vous le dire ? Hier soir, un colloque de médecins s'est réuni pour statuer sur votre cas. Il en est ressorti que vous étiez éligible à la greffe de cœur et ceci dans les plus brefs délais.

— Eh bien non, Marlène ! Personne ne m'a prévenue. On m'a juste dit que je pouvais sortir aujourd'hui, en début d'après-midi, pour rentrer chez moi.

Ces médecins suivaient mon cas depuis quelques mois déjà, mais je l'ignorais. Marlène doit se dire que l'approche qu'elle a eue avec moi n'est pas la bonne, sans cette information de mon suivi médical. Avec beaucoup de douceur et d'humanité, elle reprend les choses en main.

— Vous vous souvenez que lorsque vous êtes arrivée, vous étiez avec la Docteur Varnous, à l'hôpital de jour de la Pitié-Salpêtrière ?

— Oui, c'est ça !

— Qu'est-ce qui est prévu maintenant ?

— Là, j'attends mon taxi, qui arrive de Bretagne et qui doit me ramener chez moi, pour retrouver mon mari et mon fils.

— Mais… vous habitez bien à Chartres, en Eure-et-Loir ?

— Ah non ! Ça, c'est mon lieu de naissance. Ma mère y habite encore, mais moi je me suis mariée avec un Breton et maintenant je vis à Locmariaquer, dans le Morbihan.

Un silence s'installe. Marlène se rend compte qu'au-delà du fait que je n'avais pas connaissance de mon suivi, elle a été mal renseignée sur mon domicile. Et ça, ça change tout !

— Très bien ! Est-ce que vous pourriez passer dans mon bureau, en bas, lorsque votre taxi sera arrivé ?

— Oui, je peux, mais en même temps, je ne comprends pas ce que vous me voulez…

— Écoutez ! Il va falloir que vous intégriez une notion, qui va certainement vous paraître choquante, puisque vous n'avez pas eu toutes les infos. Nous allons devoir nous diriger vers une greffe cardiaque, sans quoi votre cœur ne résistera pas.

Je lui souris, sans un mot. Je suis médusée… J'ai la gorge tellement nouée que je suis incapable de verser des larmes, qui pourtant ne demandent qu'à sortir.

Elle voit bien que je suis entre deux eaux et me dit alors :

— Bon, je vous laisse finir votre repas. Croyez bien que je suis désolée que vous l'appreniez de cette manière, si brutalement. Je redescends au rez-de-chaussée. Passez me voir avant de partir pour parler de tout ça et voir comment on peut s'organiser. Soyez assurée que nous mettrons tout en œuvre pour votre accompagnement et votre bien-être. À tout à l'heure.

— D'accord !

J'attends qu'elle quitte la chambre pour me ressaisir… j'ai l'impression de flotter.

J'appelle aussitôt Anthony pour tout lui raconter. Il est en plein boulot, peut-être même en plein bouillon, je n'en saurai jamais rien, mais je dois le prévenir.

Comme à son habitude, il me répond tout de suite et, dès que j'entends sa voix, je m'effondre en sanglots. Je n'ose imaginer dans quel état je dois le mettre chaque fois. Je suis incapable de gérer mes émotions avec lui, mon roc, et je les déverse toutes, quelles qu'elles soient. Je me repose sur lui pour qu'il en fasse le tri.

— Calme-toi ! Ça va aller. Respire tranquillement.

Puis, lorsque je suis un peu plus apaisée, il me demande de lui expliquer ce qui se passe.

— Voilà, je ne peux pas rentrer parce qu'il faut que je reste à Chartres pour être greffée.

Je poursuis en lui relatant ma rencontre avec Marlène.

— Mais j'ai absolument besoin de vous revoir, Élouan et toi, avant de devoir m'absenter.

Tout tourne en boucle dans ma tête. J'enchaîne les mots comme ils viennent. Un sentiment de culpabilité me submerge aussi. Comment puis-je envisager de laisser encore une fois Anthony seul aux commandes de notre foyer et de notre entreprise ? De plus, nous sommes en pleine saison, sachant qu'en été nous travaillons 7 jours sur 7 et, en plus, cette année, nous avons décidé d'ouvrir en continu de 7 h à 19 h 30.

Pour Marlène et l'équipe médicale, mon dossier indiquait l'adresse de mes parents à Chartres, soit à une heure et demie de route de l'hôpital. Pour eux, dans ces conditions, il n'y a pas de contrainte particulière. Je suis inscrite sur la liste d'attente, je n'habite pas trop loin et tout est parfait.

Je suis inquiète, je ne m'y attendais pas du tout. Anthony me rassure de façon très pragmatique.

— Tu peux peut-être lui demander un petit délai, pour rentrer quelques jours ? Tu reviendras après. Explique-lui tes désirs, tes besoins impérieux.

Tout cela me paraît surréaliste ! Anthony me met très vite face à cette réalité implacable : ma vie en dépend. Et, c'est vrai, maintenant, je ne peux plus faire comme si de rien n'était. Je peux bien essayer de faire semblant, de me persuader que tout va bien… mais là, mon corps me crie « STOP ! ».

Après ma conversation avec Anthony, Romain arrive. Je lui explique brièvement la situation. Le gros avantage avec ce chauffeur de taxi, c'est qu'il n'est pas impliqué sentimentalement parlant. Du coup, on en plaisante, ce qui me permet de dédramatiser la situation.

Nous descendons ensemble au service des greffés, que je commence à mieux connaître, et nous cherchons le bureau des infirmières. Là, j'y retrouve Marlène.

— Votre cœur a été bien fatigué par l'embolie. Pour votre survie, vous devez être inscrite sur la liste d'attente des receveurs et receveuses de greffon cardiaque. Mais pour cela, il faut que vous résidiez à moins de deux heures du Centre de greffe. Vous pouvez être appelée à n'importe quelle heure du jour ou de la nuit, si vous êtes compatible. Avant cela, il faudra que vous ayez pris contact avec une ambulance capable de vous emmener à l'hôpital, 7 jours sur 7 et 24 h sur 24. L'intervention, pour remplacer votre cœur et une partie de vos coronaires, doit être faite très rapidement.

En entendant que je rentrais en Bretagne, elle a dû se dire qu'il valait mieux m'expliquer comment allaient se dérouler les choses devant un témoin, mon chauffeur de taxi. Ça lui permet ainsi d'avoir une personne que je connais, pour rationaliser les choses qu'elle me dira et que je puisse les entendre. L'équipe médicale connaît bien ses patients et elle fait tout pour y aller en douceur, sans les brusquer.

— Je veux rentrer chez moi, en Bretagne. Je dois dire au revoir à mon mari et mon fils. Je leur dois au moins ça !

Ce n'est absolument pas pessimiste, mais c'est simplement une façon pour moi de rester ancrée dans la réalité. Pour la greffe, ça passe ou ça casse… et dans ce dernier cas, je ne veux pas partir sans les avoir revus.

— Je dois aussi gérer l'organisation pour l'été de mon fils Élouan et consulter le comptable, pour la boulangerie.

Ma liste des dernières choses à organiser et prévoir est tellement longue que Marlène me propose 10 jours. Mais elle insiste bien : pas un de plus. Le dimanche 21 mai 2017, il faudra que je dise un dernier au revoir à Anthony et Élouan… ou peut-être bien adieu, car je ne sais pas si je reviendrai.

Puis, je rejoindrai Chartres en taxi. L'adresse et les coordonnées téléphoniques de mes parents ont été communiquées à Marlène. Et, dès le lundi 22, je serai sur la liste des personnes éligibles à la greffe, pour une durée de 6 mois, au plus tard.

Je quitte donc Marlène soulagée et pleine de reconnaissance pour cette dérogation que j'ai pu négocier. Bien évidemment, je préviens aussitôt Anthony par texto. Cette fois-ci, je ne le dérangerai pas.

IX
On s'organise

Je suis dans ma bulle, avec Romain qui plaisante. Ce retour chez moi est une bénédiction, le reste arrivera toujours trop vite. Aussi, je coche cette case comme du temps gagné.

Sur le trajet, j'appelle Maman et Jean-Marie. Je dois maintenant leur expliquer ce qu'il en est. Leur maison, celle où j'ai passé mon adolescence, sera à nouveau ma résidence principale, pour les mois à venir. De leur côté, ils doivent partir dès le mois de juillet, dans le sud de la France. Ils vont séjourner, pendant deux mois de vacances, dans l'appartement familial où habitaient mes grands-parents maternels. Bien évidemment, il n'y a aucun souci pour habiter chez eux. Très vite, il leur paraît même évident d'annuler leur séjour pour pouvoir m'accompagner dans l'attente de ce greffon indispensable à ma survie.

J'arrive à la boulangerie, fatiguée. Anthony est là. Il m'ouvre la porte de la cuisine, pour m'éviter les questions de nos clients curieux de savoir ce qui se passe chez les Pontgelard. Élouan n'est pas à la maison, il est parti rejoindre des amis à la plage.

Anthony offre à Romain quelques douceurs, comme à son habitude. C'est sa façon à lui de faire plaisir aux gens qui s'occupent de moi, pour les remercier.

Il m'aide ensuite à entrer dans notre partie privée. En effet, je tiens difficilement sur mes jambes. Je m'assois dans un fauteuil. Nous décidons de tout dire à Élouan dès ce soir. À 14 ans, ce n'est pas évident de savoir que sa maman va encore devoir s'absenter, retourner vivre chez ses parents pour pouvoir se faire greffer un cœur, afin de continuer à vivre.

Sébastien et Stéphanie (dont le surnom est Pomme), un couple que nous côtoyons, arrivent à la boulangerie. Ils sont de passage à Locmariaquer. Anthony retourne au magasin pour les servir. Ils lui demandent très gentiment de mes nouvelles, aussi, profitant du fait qu'il n'y ait personne d'autre dans la boutique à ce moment-là, il leur dit que je viens de rentrer. Puis il leur propose de venir me saluer.

Sur ces entrefaites, Élouan rentre de la plage. C'est une explosion d'émotions pour nos retrouvailles, après cette énième hospitalisation, mais il ne se doute pas encore de la suite. Tandis que nous terminons notre longue étreinte, Sébastien dit à Anthony :

— Mais alors du coup, elle part quand pour Chartres ?

Je suis pétrifiée ! Anthony réagit immédiatement, en le foudroyant d'un regard qui le somme de se taire. Il lui avait pourtant dit qu'Élouan n'était pas au courant. Anthony enchaîne aussitôt en parlant à Élouan :

— Eh bien, Loulou ! Tu dois être content que Maman soit rentrée.

Élouan était dans ses pensées et n'a pas relevé la remarque de Sébastien. De mon côté, je me ferme comme une huître. On vient de nous mettre en difficulté. Malgré la colère que je ressens, j'affiche un joli sourire de façade et j'attends qu'ils partent ! Puis, très vite, Anthony raccompagne Sébastien et Stéphanie vers la sortie.

Bien évidemment, dans l'intimité, seule avec mon mari, je lui dis ce que je pense de l'intervention de Sébastien. Il y a des commentaires ou des attitudes qui se font sans réfléchir, mais qui, dans la situation où nous nous trouvons, peuvent embarrasser. Heureusement, cette fois-ci c'est passé, mais je vous laisse imaginer le tsunami que nous avons ressenti à ce moment-là ! Ce n'est surtout pas de cette manière que nous voulions l'apprendre à notre fils.

La soirée se passe tranquillement. Je ne quitte guère mon fauteuil. Astibel, notre petit chien lhassa apso, âgé de 10 ans, est sur mes genoux… Élouan aide son papa pour les tâches quotidiennes liées à la fermeture du magasin. Enfant de commerçants, il sait déjà, depuis bien longtemps, jongler entre la vie professionnelle et la vie privée. Oh ! bien sûr, ce n'est pas toujours avec envie, mais il est toujours là pour nous rendre service. Depuis l'âge de 4 ans, sa maison est également le commerce de ses parents. Anthony, quant à lui, s'active pour que nous puissions dîner ensemble, en famille.

Les jours qui suivent seront dédiés à l'organisation. Je m'occupe tout d'abord de l'été d'Élouan. J'appelle Corinne et Laurent, des clients de Locmariaquer devenus des amis, sur lesquels nous pouvons compter. Ils ont deux garçons, Yan et Erwan, le plus jeune. Élouan se sent très proche de ce dernier. Corinne accepte tout de suite de prendre mon Loulou quelques jours début juillet, dans leur maison à Erdeven. Pourtant le travail ne manque pas pour eux. Laurent vient de prendre la direction de son propre restaurant, à Vannes, et Corinne est maîtresse d'école.

Ça, c'est fait !

Ensuite, place à la famille : Élouan ira passer quelques jours chez son parrain Arnaud, le cousin d'Anthony, qui habite à Paris. Il a toujours été très présent pour moi, lors de mes multiples passages pour mes rendez-vous et mes hospitalisations. Il me rendait visite ou m'accueillait parfois chez lui.

Puis, le relais sera pris par Christine et Sébastien, le frère d'Arnaud. Nous entretenons avec eux une relation fraternelle et ils sont toujours là également pour nous, sans condition. Élouan y retrouvera Kaelig, leur fils, et Bleuenn, leur fille. Élouan se trouve entre les âges de chacun d'eux.

Globalement, pour mon Loulou, tout est calé. Et, cerise sur le gâteau, chacun viendra le chercher et le ramener, malgré leur localisation éloignée de Locmariaquer.

Maintenant, passons à l'organisation de notre vie professionnelle. Je discute avec mes deux vendeuses, qui sont heureusement bien en place et connaissent le travail. L'une d'elles, Lauriane, une jeune femme de Locmariaquer, est habituée à travailler à nos côtés. Avec Anthony, nous essayons, tant bien que mal, de faire le tour des obligations. Cyril, notre comptable, sera mis à contribution pour la partie comptabilité. Il va, notamment, reprendre toute la gestion des factures, soit leur règlement et leur classement, ainsi que la TVA. Cela soulagera les épaules d'Anthony, déjà tellement chargées des responsabilités familiales et professionnelles. Je ne peux pas imaginer ce qu'il ressent : on parle continuellement de malades, de patients, mais lui ? Il ne faut jamais minimiser les proches, les accompagnants, leur fardeau est tout aussi lourd à porter…

Cyril, gérant de son propre cabinet comptable, est devenu un ami très proche de notre famille, avec sa compagne Efelina. C'est un homme extraordinaire, qui nous épaule considérablement, tant sur le plan professionnel que privé, surtout lors de cette période compliquée.

On peut dire qu'à ce moment nous avons eu l'impression que tout était aligné à nos besoins. Bien évidemment, ça ne pouvait pas être le cas, mais nous en convaincre a contribué à nous conforter. En tout cas, nous sommes bien entourés par notre famille et nos amis.

Enfin, le moment tant redouté d'annoncer à Élouan ce qui se prépare arrive… Nous attendons la fin de notre journée de travail, au calme, pour lui dire l'inéluctable réalité, sans en minimiser l'impact. Pour atténuer cette nouvelle, nous lui donnons, en retour, le programme de ses différents séjours, chez les personnes qui l'accueilleront pendant cette période. Comme à son habitude et, certainement grâce à toute la confiance qu'il nous accorde toujours, il n'est pas plus bouleversé que cela. Il pose quand même quelques questions futiles et s'en tient au planning organisé par nous, ses parents. Nous sommes soulagés ! C'est exactement ce que nous ressentons.

En revanche, après cette conversation, il ne me quitte pas d'une semelle. Alors que nous devons sortir Astibel, il me coiffe d'une de ses casquettes pour me protéger du soleil, ce qui nous fait beaucoup rire tous les trois. Anthony nous prend en photo. Plus tard, j'ai revu cette photo-souvenir : nous sommes dans la cuisine, j'ai le teint gris-vert et la mine creusée.

La sortie d'Astibel n'attend pas, direction le bord de mer. Ici, c'est facile, nous en sommes entourés ! Sur le court chemin qui descend au sentier côtier, Élouan m'arrête, me regarde droit dans les yeux et me dit :

— Maman, dis-moi ! Est-ce que tu vas mourir ?

Je suis envahie de tristesse et de désappointement. Que lui répondre ?

— Ouvre grand tes bras, mon cœur !

Je me blottis alors contre ses larges épaules et il me serre très fort, alors que nous pleurons un bon coup pour déverser ce trop-plein. Nous avons toujours appris à notre fils à ne jamais réfréner ses émotions. Il sait que nous avons, nous, ses parents, ce tempérament à ne pas les garder non plus pour nous.

Puis, je sèche mes larmes, je suis prête.

— Oui mon cœur, je risque ma vie parce que lors de cette opération, on va m'enlever mon cœur abîmé pour le remplacer par un autre. Cet autre cœur vient d'une personne morte, qui a accepté le don d'organes. Pendant ce transfert, on va devoir me brancher pour alimenter mon organisme, jusqu'à ce qu'il redémarre avec ce nouveau cœur. Mais sache une chose, la plus importante, je me battrai jusqu'au bout pour ne pas t'abandonner. Et si, malgré tout, je dois rejoindre le Ciel, ne doute jamais que j'aie tout fait pour m'en sortir, parce que tu restes la plus belle chose que j'ai réalisée sur cette terre.

On se regarde à nouveau, droit dans les yeux. Les larmes montent, une longue étreinte s'ensuit. Mais la vie se rappelle à nous, avec Astibel qui s'impatiente. Cela nous fait sourire, puis rire.

Un peu plus tard, je raconte cette anecdote à Anthony, qui, à son tour, ne cache pas son émotion.

Le jour J arrive trop vite dans notre quotidien, il nous reste peu de temps. Nous recevons la visite de Jean-Pierre et Armelle, les parents d'Anthony, qui reviennent de voyage. Nous leur expliquons le long chemin qui nous attend. Ils sont abasourdis, mais ils restent circonspects. C'est rassurant !

Jean-Pierre m'avouera plus tard qu'en voyant mon visage, il a eu la sensation effrayante que c'était la dernière fois que nous étions tous ensemble…

Sylvia, la sœur de Sébastien et Arnaud, nous fait la surprise de sa venue avec son compagnon Pierre et leurs filles Maève et Anna. Là aussi, c'est un grand moment d'émotion, toujours difficile à contenir pour nous tous, devant cette éventualité.

Pourtant, je n'ai pas le sentiment d'être triste, l'inévitable issue me paraît tellement évidente : soit je le fais, soit je meurs. Il n'y a même pas de choix cornélien à avoir. Toutefois, je me sens coupable de ne pas pleurer la veille de mon départ, alors qu'Anthony et Élouan ne cachent déjà plus leur désarroi.

X
L'attente à Chartres

Et voilà, nous sommes le dimanche 21 mai 2017 ! Anthony ferme le magasin à 13 h 30, il est debout depuis 2 h du matin. Demain commence la 9e édition de la *Semaine du Golfe du Morbihan*. Cette manifestation nautique internationale, qui a lieu tous les deux ans, attire énormément de monde dans la région, notamment dans notre commune du littoral très prisée, où elle multiplie par dix la population. En effet, à Locmariaquer, nous sommes aux premières loges pour voir de près la parade. Le travail ne manque déjà pas et ça ne fera qu'augmenter. Et moi, je devrai laisser ces deux êtres que j'aime le plus au monde, en plein afflux de touristes.

Nous déjeunons tous les trois assez sereinement, comme si de rien n'était. Mes valises sont prêtes pour les 6 mois à venir, puisque je ne sais pas à quel moment je serais greffée.

La veille au soir, Anthony m'a aidée à prendre ma douche, comme il l'a très souvent fait. Me laver le corps et les cheveux est devenu trop lourd pour moi, je fatigue très vite dans tous ces gestes du quotidien. Heureusement, il dédramatise la situation. Anthony apporte beaucoup d'humour et de légèreté dans ces moments d'intimité, même si ce n'est pas vraiment sa place normalement. Plus d'une fois, il a joué l'infirmier ou le coiffeur avec moi, en prenant une petite voix singulière et rigolote.

— Bon, Madame Pontgelard ! C'est bien ça ? On va s'occuper de vous ! Alors la mèche, plutôt à gauche ou plutôt à droite ? Et, s'il vous plaît, pas de changement d'avis de dernière minute, hein ! Parce que moi j'ai un métier, ma petite dame, et je n'ai pas que ça à faire !

C'est, entre autres, ce type de saynète qui me fait à coup sûr sourire, voire rire. Ça fait tellement de bien dans ces moments-là, où l'on se sent si diminuée.

Me voilà parée à affronter cette journée, en tout cas, en théorie… mais au moment où Mario m'appelle pour m'annoncer que mon taxi arrive, nos mines se ternissent d'un coup. Il m'avait prévenue que, Romain n'étant pas disponible, j'aurais un autre chauffeur que je ne connais pas. Sans avoir eu le temps de débarrasser la table, nous sortons tous les trois par la porte de la cuisine. Anthony et Élouan sont extrêmement tendus. De mon côté, je tiens absolument à contenir mes larmes, pour ne pas leur faire plus de peine qu'ils n'en ressentent déjà.

Nous avançons jusqu'au bout de la ruelle, pour arriver à hauteur du véhicule garé en face de la boulangerie. Anthony salue le chauffeur et dépose mes valises dans le coffre. C'est alors que je me retourne et que je vois Élouan éclater en sanglots. Je me précipite pour le prendre dans mes bras. Anthony nous rejoint immédiatement et là, nous nous effondrons complètement, tous les trois, en nous serrant très fort les uns contre les autres ! Après cette étreinte, incapable de nous dire à bientôt, au revoir ou même adieu, je laisse Anthony prendre le relais avec Élouan et je monte à l'avant du taxi, sans un mot…

La voiture démarre. Je regarde dans le rétroviseur extérieur et je vois Anthony et Élouan toujours collés l'un à l'autre. À ce moment précis, je sais que leurs larmes et notre souffrance resteront à jamais gravées dans nos mémoires. La dernière image que je distingue dans le petit miroir, c'est Anthony qui ramène Élouan à l'abri des regards. Il doit craindre qu'un voisin pose une question à laquelle il est incapable de répondre. De toute façon, s'il y a des gens dans la rue, nous n'avons même pas fait attention. Ce moment reste comme suspendu, avec toute l'angoisse qui l'accompagne.

Je me sens si seule dans ce taxi, qui m'éloigne trop rapidement d'eux, partagée entre le désespoir de les quitter et l'espérance que je reviendrai avec un nouveau cœur. Bizarrement, je n'ai aucun doute là-dessus : je suis sûre que je vais guérir, que cette greffe va marcher.

À peine arrivés au niveau de Vannes, à une demi-heure de la maison, Anthony m'appelle en larmes. L'impossible réalité ne nous quitte pas.

— Coucou mon cœur ! Je me suis allongé avec Élouan et, à bout de force, il a fini par trouver le sommeil dans mes bras. Pour moi, c'est trop difficile, je n'arriverai pas à dormir. Je vais rester dans le lit et évacuer, étouffer ma peine jusqu'à ce que notre fils se réveille. Mais ne t'inquiète pas, je vais tout faire pour lui, je te le promets !

Je parle un peu avec le chauffeur de taxi. Nous nous disons quelques banalités pour combler ce silence tellement vide de sens. Je m'excuse même auprès de lui de mes larmes qui ne cessent de couler et que je ne peux plus retenir. Il est prévenant, agréable et le voyage se passe plutôt bien.

Anthony m'appelle plusieurs fois sur le trajet. Nous avons tellement besoin d'échanger sur notre chagrin, de nous dire des choses insignifiantes pour combler ce manque vertigineux que nous ressentons déjà si fort.

J'arrive finalement à destination, presque à la fin de la journée. Je suis très heureuse de revoir Maman. J'ai parfaitement conscience d'avoir beaucoup de chance qu'elle habite suffisamment proche de l'hôpital, sinon je me serais retrouvée dans une chambre ou un foyer d'accueil en attendant le cœur d'un autre. Elle est là et me souhaite la bienvenue, avec un grand sourire.

— Tu fais comme chez toi.

Je l'embrasse tendrement. Puis Jean-Marie monte mes affaires dans ma chambre, à l'étage.

— Tu vas dormir là-haut, me dit-elle. Tu verras, dans ta chambre, il y a un fascicule sur la table de nuit. C'est un courrier de l'agence de biomédecine et ça explique la manière dont tu vas être prise en charge.

Effectivement, quand j'arrive dans ma chambre, je trouve la brochure. Sur la couverture, il est écrit : *Ma greffe, par l'agence de biomédecine*. Je l'ouvre, la feuillette. Tout est bien rodé et rien n'est laissé au hasard ! Comme me l'avait dit Marlène, je dois être disponible à n'importe quel moment, dès qu'un greffon sera annoncé. Il y a également le rappel concernant l'ambulance prête à m'emmener à l'hôpital. J'y apprends aussi que, même si un cœur est accepté par l'hôpital, à la suite d'un appel de l'agence de biomédecine, l'opération peut quand même être annulée si l'organe n'est pas totalement sain lors de son prélèvement. Je ne m'arrête pas à cette idée, qui me paraît inimaginable, et je l'écarte aussitôt de mon schéma positif.

Après mon installation et la lecture de ces consignes, j'appelle Anthony et Élouan. De leur côté, la pression semble être retombée… du moins, c'est ce que je ressens à distance. Avant mon départ, nous avons téléchargé Skype sur plusieurs supports, afin de pouvoir communiquer en direct tous les trois. Comme c'est un nouveau gadget pour nous, nous essayons de nous connecter dès le premier soir de notre séparation. J'ouvre donc l'application, entre mon mot de passe et j'attends que ça sonne sur la tablette de la maison. Nous rencontrons quelques difficultés à établir la première connexion, mais, à trois, entre la prise en main et la volonté de chacun, nous arrivons finalement à nous raccorder.

Les voir est inestimable, Élouan me sourit… mon petit garçon en pleine adolescence ! Anthony a les traits tirés par trop de larmes versées. Nous évoquons rapidement mon départ chaotique. Anthony n'a pas réussi à s'endormir, mais notre gars, lui, heureusement, s'est bien reposé. Pour nous, ses parents, c'est un soulagement ! Je leur montre ma chambre, qu'ils connaissent déjà, mais c'est une façon pour moi de les rassurer, de leur dire que je suis bien installée et que je ne manque de rien.

— Voilà ! Je suis de retour chez Papa et Maman. D'ailleurs, ils vous embrassent et pensent bien fort à vous. Mamie a ajouté : « Et une caresse à Astibel ! »

— Cool ! Tu leur feras un bisou de notre part aussi. C'est rassurant que tu sois chez eux. Par contre, n'en fais pas trop, entrepose-toi, hein ! Et puis, laisse bien ton portable à portée de main et n'oublie pas tes médicaments, surtout !

Anthony est toujours aussi prévenant, à l'affût de mes moindres oublis ou de mes excès de confiance…

Nous ne restons pas très longtemps en Visio, car même si cela génère beaucoup de bonheur, lorsque ça dure trop, cela me fatigue énormément. Nous nous quittons donc pour ce soir, avec plein de « Je t'aime ! ».

Je redescends dans la cuisine où je retrouve Maman.

— Tout va bien, ma fille ? Tu es bien installée ? Si tu as besoin de quoi que ce soit, tu demandes, hein ! Jean-Marie et moi, on est là !

— Je sais Maman ! Rassure-toi, je ne manque de rien, je suis très bien à l'étage. Je viens d'avoir les garçons en Visio et ils vous embrassent. La journée a été particulièrement éprouvante pour eux et j'espère que cette nuit, ils trouveront tous les deux un sommeil réparateur.

Maman, pourtant en fauteuil roulant, n'a de cesse de tout faire pour que je sois cocoonée. Elle prépare le dîner, pendant que je suis dans un de leurs fauteuils Stressless, à regarder la télévision. Jean-Marie, de son côté, s'est attelé à des travaux dans la salle à manger. Il a monté un échafaudage, avec la hauteur de plafond qu'ils ont, c'était bien plus pratique, et il refait l'habillage des murs en lambris. Habituellement, à cette période de l'année, ils sont en vacances dans le sud, au Muy, aussi il profite de leur présence à la maison, pour s'occuper de ces travaux de rénovation. Tout semble normal, alors que ce petit monde autour de moi vit au rythme de mon attente de greffe. Nous sommes tous en apnée !

Le dîner est léger et la fatigue se fait très vite ressentir. Maman me dit affectueusement :

— Va donc te reposer, tu l'as bien mérité ! Cette journée n'a pas été facile pour toi. Ne t'inquiète pas, on va débarrasser.

Je ne me fais pas prier, car je suis effectivement épuisée. J'adore cette manière, que seules les mamans ont, d'arriver à transformer un état de « patiente malade » en un simple état de fait : tu es fatiguée, tu vas te coucher ! Cette présence bienveillante me plonge dans un environnement rassurant.

Arrivée dans ma chambre, mon premier réflexe est de remettre mon portable en charge. J'envoie un message aux garçons pour leur souhaiter une bonne nuit, puis je me laisse doucement glisser dans le sommeil. Demain est un autre jour…

En ce lundi matin, je suis officiellement inscrite sur la liste des patients en attente de greffe… Je confirme ma présence par e-mail à l'hôpital de jour de la Pitié-Salpêtrière et je me mets aussitôt en recherche d'une société d'ambulance prête à me prendre en charge à tout moment du jour ou de la nuit. La tâche devient très vite nettement moins aisée que j'aurais pu l'imaginer. Heureusement, Maman est à nouveau là pour moi et me guide en me parlant de ses propres expériences de transport. Je prépare une liste de plusieurs entreprises à appeler. Mon discours est prêt. Lors de mon premier échange, je tombe sur un monsieur.

— Bonjour Monsieur !

— Bonjour Madame !

— Je suis une patiente en attente de greffe cardiaque. J'habite chez mes parents, à Chartres-La Madeleine, en bordure d'autoroute A11. Je cherche un ambulancier prêt à me conduire de jour comme de nuit, tous les jours de la semaine, en 1 h 30 environ, pour une transplantation à l'hôpital de la Pitié-Salpêtrière à Paris.

— Ça va être compliqué ! Un tel engagement est impossible. Nous ne pouvons pas vous garantir une telle disponibilité. Si un accident se produit sur l'autoroute, nous ne serons pas capables de gérer votre urgence. Je ne vois vraiment pas quel confrère s'engagerait sur ce terrain. En tout cas, moi, je ne peux rien faire pour vous. Au revoir Madame !

Discussion terminée, et il raccroche…

Je suis médusée par ce débit de paroles, sans aucune empathie… Je reste un bon moment en colère, la tête pleine de reproches contre cet entrepreneur, qui a eu une attitude complètement aberrante.

Et puis je me ragaillardis. Maman est à mes côtés, nous sommes dans la salle à manger, un thé à la main et je me détends. Nous prenons un instant avant de poursuivre nos recherches auprès d'autres ambulanciers… Et là, Maman repense à quelque chose et me propose d'appeler la société Arc-en-ciel. Cette entreprise n'est pas à Chartres spécifiquement, mais elle dépend d'une commune limitrophe, à Luisant. Je suis tout de suite accueillie par une secrétaire adorable.

— Oui, bien évidemment ! Il n'y a pas de raison de ne pouvoir accéder à votre demande.

La pression retombe aussitôt. Jean-Marie propose d'aller déposer et faire signer, auprès de l'ambulancier, les documents d'engagement pour le transport. Celui-ci est pris en charge en totalité par la Sécurité sociale, car nous sommes à moins de 150 km du lieu de greffe.

Soulagée, je préviens aussitôt Anthony. Il est très content pour moi, bien qu'il ne comprenne pas non plus le refus de la première société. Ça le met toujours en colère lorsque ce n'est pas justifié, comme dans ce cas.

J'informe également la coordinatrice de greffe, Marlène, à qui nous enverrons ensuite, par e-mail, les documents que Jean-Marie aura récupérés.

Place maintenant à ce qui deviendra un rituel quotidien. Tous les matins, je me lève, je descends l'escalier et je me rends dans la cuisine pour y prendre mon petit déjeuner et mes médicaments. Puis je passe un peu de temps au salon, dans le fauteuil si confortable de mes parents. Ce temps de repos, j'en ai besoin à ce stade de la maladie. Une fois un peu de force retrouvée, je remonte l'escalier pour me rendre à la salle de bain de l'étage, qui m'est réservée. Cette étape est toujours un peu longue, car avec le peu d'énergie qui me reste, cela devient difficile et vite fatigant pour moi. Enfin, je m'habille. Je tiens absolument à garder cette habitude de rester propre et en tenue différente chaque jour, pour poursuivre ce lien avec la vie.

Les journées passent et se ressemblent toutes. Le soir, nous faisons un point avec les garçons, espérant qu'une vie soit ôtée pour que la mienne continue. Pour interpréter cette tragique pensée, il faut bien comprendre l'enjeu du don d'organe : celui-ci ne peut se faire que dans ce contexte très précis, même si cette réflexion peut paraître rude. À ce sujet, j'ai eu l'occasion de rencontrer une psychologue, avant la greffe. Nous n'avons pas eu le temps d'échanger longtemps, mais elle a estimé que j'avais un équilibre suffisant pour faire face à cette drôle d'aventure.

Cécile, une amie rencontrée à Locmariaquer, mais qui habite à Chartres avec sa famille, me propose de venir déjeuner chez elle un midi. C'est une invitation que j'accepte bien volontiers, pour me changer les idées. Mes journées sont devenues tellement semblables les unes aux autres que la perspective de retrouver une vie sociale me ravit.

Cécile vient me chercher directement chez mes parents et m'emmène dans sa maison. Là, j'y retrouve Louis, Jacques et Jean, ses trois enfants, ainsi que son mari. Ce dernier a justement préparé un barbecue. Je ne mange pas grand-chose, mais l'essentiel pour moi est ailleurs. Je suis tellement contente d'être avec eux, car ma famille me manque tant. Il fait beau, nous sommes dans le jardin, la bonne humeur est de mise, les enfants rigolent et je me sens comme à la maison.

À la fin du repas, je suis fatiguée : j'ai bien discuté, et je me suis régalée, même si c'était peu. Cécile voit très vite que je pique un peu du nez.

— Veux-tu t'allonger un peu ? Tu peux te mettre dans le canapé ou dans une chambre, comme tu veux.

Oh ! C'est gentil, merci ! Je préfère au salon, si ça ne te dérange pas.

Je ne serai pas trop loin des toilettes du rez-de-chaussée, mais surtout, près de la baie vitrée qui donne sur la terrasse. Là, je pourrai entendre et voir cette petite famille profiter du soleil… De plus, la perspective de me retrouver à l'étage et de ne pas être entendue, si j'ai besoin d'aide, hante mes pensées.

Je m'endors pendant près de quatre heures. Cécile vient plusieurs fois voir si tout va bien. Sans me réveiller, elle vérifie que je respire encore. Pour mes amis et pour mes proches, cette situation doit être très déstabilisante.

À mon réveil, elle est là, souriante. Il est déjà 18, elle me propose alors de rester dîner et dormir, si je le souhaite. C'est une véritable amie, toujours prête à rendre service et totalement à mon écoute.

— Je veux bien rester dîner, lui dis-je, par contre je préfère rentrer dormir chez mes parents, au cas où je recevrais un coup de fil dans la nuit.

En allant chez Cécile, j'avais déjà envisagé que si je recevais un appel pour m'avertir qu'un greffon était disponible, alors elle aurait dû me ramener dans les meilleurs délais. Mais de ce côté-là, pas de souci, elle en avait parfaitement conscience.

Pour rassurer Maman, je l'appelle pour lui dire que tout va bien, mais que je reste dîner chez Cécile. De toute façon, je ne rentrerai pas tard. Je préviens également Anthony et Élouan.

Cécile me dit que nous allons nous faire un petit plateau-repas dans le canapé, où je suis déjà confortablement installée depuis le début d'après-midi. Nous allons regarder un film, projeté sur le mur de sa salle à manger… on se croirait dans une salle de cinéma. Elle me propose plusieurs titres connus, dont *La liste de Schindler*, que je n'ai jamais vue. Nous avons toutes les deux la même fascination pour cette époque de l'Histoire.

Je n'oublierai jamais ce moment ni ce film…

Une fois qu'il est terminé, elle me raccompagne chez mes parents. Je suis épuisée, mais tellement heureuse d'avoir passé une journée si distrayante. Je ne tarde pas à aller me coucher sereine et le sourire aux lèvres.

Jeudi 25 mai. C'est le week-end de l'Ascension et Anthony est débordé à la boulangerie avec la *Semaine du Golfe*. Malgré sa surcharge de travail, nous nous appelons quand même tous les soirs, dès qu'Élouan rentre du collège. Aucun des deux ne se plaint, ils ont toujours un petit mot adorable, me parlent de leur journée… Celles d'Anthony doivent être bien lourdes. Il doit s'occuper à la fois de la gestion de la boutique, du laboratoire, mais également d'Élouan.

Chez Maman se prépare la fête des Mères, qui tombe, cette année, le dimanche 28 mai. C'est pour elle une occasion unique d'avoir ses trois enfants réunis à ses côtés. Je suis l'aînée de la fratrie, avec une différence de 5 ans avec ma sœur, née en 1980, et de 10 ans avec mon frère, né en 1985.

Comme dans beaucoup de familles, les relations entre nous trois ne sont pas simples. Mon frère Loïc et moi sommes très complices, alors qu'avec ma sœur, c'est plus compliqué. Elle a toujours fait cette réflexion à mes parents : « Mais vous êtes sûrs qu'on n'a pas changé le berceau des deux autres ? », en parlant de mon frère et moi. Autant dire que moins on se voit, mieux on se porte…

Pourtant, ce sera l'une des rares fois, pour ne pas dire la seule, où je me retrouverai avec Maman pour cette fête, ainsi qu'avec mon frère et ma sœur. Aussi, pour elle, nous jouerons la carte de la bienveillance et du bonheur affiché.

Le vendredi précédent, je me sens fatiguée, mais j'ai très envie de me rendre dans une parfumerie, pour acheter un cadeau à Maman. Ce matin-là, en discutant avec elle dans la salle de bain, nous nous sommes remémorées quand, enfant, j'avais cassé son parfum préféré. Oh ! bien sûr, sans mauvaise intention. Nous nous en sommes amusées, parce qu'à cette époque, je lui avais dit : « Je te promets que, quand je serai grande et que je travaillerai, je te le rachèterai. » Alors, forcément, l'occasion était toute trouvée de lui dénicher ce fameux parfum.

Je demande donc à ma sœur si elle veut bien m'emmener dans un centre commercial. Elle a le permis, alors que Loïc pas encore.

— Bien sûr ! me répond-elle, mais il faudra me donner 20 € pour l'essence.

Je suis stupéfaite de sa requête. Décidément, nos rapports ne pourront jamais être affectueux. Depuis toujours, elle dit que les personnes gagnant le plus d'argent doivent subvenir aux besoins des moins bien lotis. Mais, bien entendu, elle n'admet pas que ça puisse être à double sens : on ne peut sans cesse demander aux autres de donner, ce qu'elle est incapable de faire elle-même. C'est une notion qu'elle a volontairement occultée.

Je m'arrange donc autrement. Il est important que j'arrive à faire de cette journée avec Maman un moment inoubliable. Pas seulement par rapport aux cadeaux qu'elle recevra de notre part à tous les trois, mais également par le fait que ma sœur a quand même répondu présente pour ce jour-là… au moins pour Maman.

Le lendemain, Florence, la factrice de mes parents qui était notre baby-sitter lorsque j'étais enfant, apporte un colis qui m'est destiné. Je suis surprise, mais très contente de la revoir.

C'est un paquet confectionné par Élouan. Il contient plusieurs petits cadeaux ; je suis submergée de bonheur. Ça me réchauffe le cœur et me remplit de joie. Rien que de savoir qu'il a pensé à moi, qu'il a prévu tous ces présents, avec la complicité de son papa, je suis aux anges. Mais je suis également tellement triste à la fois : je ne suis pas auprès d'eux, comme d'habitude, pour partager cette journée spéciale.

Je me console très vite. Après tout, nous n'avons pas le choix et puis je suis avec ma propre mère et ça, c'est une occasion qui ne s'était pas présentée depuis tant d'années. Je suis si heureuse de partager ce moment avec elle et rien que pour elle !

Dimanche est déjà là. La journée est chaude et ensoleillée, comme depuis quelque temps. Nous mangeons dehors, sur la terrasse, derrière la maison. Cela fait plus de travail pour ceux qui donnent la main, puisque c'est à l'opposé de la cuisine, mais nous sommes heureux d'être tous réunis. Maman est joyeuse et pleine d'entrain. Elle s'active en cuisine pour satisfaire tout le monde. C'est la première fois, depuis longtemps, que ses enfants et ses petits-enfants, les deux garçons de ma sœur et les deux garçons de mon frère, sont réunis autour de la même table. Seul mon fils manque à l'appel, mais nous pensons très fort à lui.

Le déjeuner ne traîne pas. Je suis extrêmement fatiguée aujourd'hui. Probablement, à cause de la chaleur et l'excitation d'avoir autour de moi des personnes qui me sont chères. Toutefois, les discussions et les éclats de rire sont épuisants dans mon état.

J'attends le dessert et l'ouverture des cadeaux, avant de m'éclipser pour aller faire une sieste réparatrice. Mais, j'ai oublié le souhait le plus important de Maman pour ce jour-là : nous prendre tous les trois en photos, à côté d'elle ! Lorsque je me réveille de ce long sommeil, je m'en veux terriblement, car je sais à quel point elle y tenait. Ma sœur est déjà partie et je ne suis pas sûre que nous pourrons retrouver cette occasion d'être tous ensemble autour d'elle.

Malgré tout, pour Maman, cette journée reste gravée à jamais. C'est, en tout cas, le souvenir que je souhaite en garder, car à ce moment précis, dans son cœur, reste l'image de ma présence à ses côtés. Nous n'avons aucune idée, si, à l'avenir, je serai encore de ce monde, pour participer à un tel événement familial.

La semaine suivante arrive rapidement. Avec les garçons, nous continuons à nous appeler en Visio tous les jours. Anthony vient de passer le cap de la *Semaine du Golfe*, avec pas moins de 100 formules sandwichs par jour, alors que nous en faisons à peine 5 habituellement à cette période. Tout ceci sans compter les autres produits, dont les ventes ont décuplé. C'est très compliqué pour lui de gérer cet afflux de clientèle de toute part, surtout avec l'épreuve que nous traversons... Heureusement, quelques clients demandent de mes nouvelles, ce qui le réconforte, alors que d'autres font bien sentir que le client reste prioritaire face aux aléas de la vie du commerçant. Je ne sais pas où il puise toute cette énergie et cette positivité.

Nous regrettons juste qu'il n'y ait pas eu d'accident, de vie perdue lors de ce long week-end. Nous savons bien que c'est à cette période de l'année qu'il y a le plus d'accidentés de la route. Nous sommes affligés de devoir réfléchir de cette manière obsessionnelle, mais c'est comme ça !

Dimanche 4 juin 2017, ma sœur vient déjeuner seule, à la maison. Pour demain, lundi de Pentecôte, elle propose de m'emmener jusqu'à Carrefour, juste à côté de chez mes parents. Ça me sortira de ma monotonie, aussi j'accepte, malgré l'épisode de sa demande de dédommagement de 20 euros, juste avant la fête des Mères. Je ne suis pas en mesure de refuser une sortie, quelle qu'elle soit, car j'ai vraiment besoin de voir du monde, la vie… surtout si près de la maison.

Le soir même, vers 18 h, juste avant de dîner, Maman et moi sommes toutes les deux seules dans le salon. Nous ne trouvons pas notre bonheur dans le programme télé, aussi Maman me propose de regarder un film en streaming[24] : *Réparer les vivants*. Ce titre m'est familier, j'en ai entendu parler à l'hôpital par les infirmières. C'est un film sur la greffe cardiaque, dont une partie a justement été tournée à la Pitié-Salpêtrière. Comme nous aimons toutes les deux les histoires vraies, nous choisissons ce film. Il est magnifique et si profond… Nous passons un vrai moment de communion, elle et moi, en étant touchées de façon différente, mais unies dans cette même idée que la greffe est un don de vie.

Lundi, ma sœur arrive après ma sieste. C'est un moment où mon corps me laisse un peu de répit, pour profiter de cette petite sortie improvisée. Nous nous arrêtons dans une boulangerie-pâtisserie, à enseigne franchisée. Bien que je sache pertinemment que tout y est industriel, je suis quand même contente d'y boire un smoothie[25]. Ma

[24] Lecture d'une vidéo ou écoute d'une musique en temps réel, par Internet. Ce système n'enregistre qu'une petite quantité de données dans la mémoire vive de l'ordinateur avant que la lecture démarre. La suite du fichier est téléchargée mais pas stockée dans l'ordinateur.
[25] Boisson onctueuse à base de fruits mixés, avec éventuellement d'autres ingrédients (lait, yaourt, purée de fruits…).

sœur, quant à elle, me demande si elle peut y déjeuner, car elle prétend ne pas avoir eu le temps de le faire. Je ne dis rien et je paye sans chercher plus loin. Évidemment, à quoi pouvais-je m'attendre, en la laissant m'emmener jusqu'ici ?

À peine une heure plus tard, ma sœur me propose de rentrer. Cette escapade aura été de courte durée, mais indispensable à mon bien-être. À la sortie du centre commercial, elle part chercher la voiture, pour l'amener au plus près de l'entrée. Là, un SDF tend la main et elle lui donne un billet de 5 euros, en me disant :

— Tu vois, moi, je ne peux pas m'en empêcher. Même si je n'ai pas grand-chose à donner à ces gens-là, ils en ont plus besoin que moi.

S'il y avait un message, je ne l'ai pas relevé. Une fois arrivées chez nos parents, elle s'en va et je file me reposer dans le fauteuil.

Ce soir-là, au dîner, Maman me propose de l'artichaut. J'adore ça et elle le sait. Comme toujours, elle veut me faire plaisir. J'appelle Anthony et Elouan juste avant de dîner, et je leur parle du film que nous avons regardé la veille. Cela résonne comme un écho à nos convictions de croire en l'avenir et de miser sur la vie. Sur le même thème, nous constatons à nouveau, de façon flegmatique, qu'un autre week-end prolongé vient de passer, sans qu'aucun greffon n'ait été disponible pour moi.

Il est 20 h 40, lorsque nous passons à table. Je m'attelle péniblement à l'épluchage de mon artichaut. Malade ou pas, j'ai toujours trouvé ça laborieux, mais c'est tellement bon ! Le téléphone sonne… C'est un numéro qui commence par 01… Je n'y prête pas plus attention que ça. J'ai tellement été sollicitée par des numéros publicitaires à n'importe quelle heure, que je me dis que c'est encore un démarcheur. Mais cette fois-ci, c'est différent, l'interlocuteur au bout du fil insiste et je finis par décrocher. Il me demande :

— Madame Pontgelard Gaëlle, née le 18/04/1975, résidant à Chartres, en Eure-et-Loir ? C'est bien cela ?

— Oui !

— Bonsoir Madame ! Je suis le coordinateur de greffe, à la Pitié Salpêtrière. Nous avons un cœur !

— Super ! Alors ça, c'est formidable, parce que vous savez, il y a beaucoup de gens comme moi qui attendent. Vous allez sauver une vie, malgré le drame que doit vivre la famille du défunt.

Je suis complètement détachée, comme si ce cœur ne pouvait pas être pour moi.

— Madame, ce cœur est pour vous ! Nous vous attendons dans maximum 1 h 30, pas plus, à l'hôpital. Notre équipe sera là, à votre arrivée, pour vous guider pendant tout le processus. Avez-vous compris ce que je viens de vous dire ?

Je réalise tout à coup ce qui arrive. Ça y est, un cœur est là, pour moi !

— Oh oui, merci ! Vraiment, merci beaucoup ! Oui, j'ai parfaitement compris. Je suis prête dans 5 minutes.

— Avez-vous trouvé une compagnie d'ambulance pour vous emmener ?

— Oui ! J'appelle tout de suite la compagnie Arc-en-ciel. Merci encore et à tout à l'heure !

— À tout à l'heure, Madame Pontgelard, et bon courage !

Je regarde aussitôt Maman, ébahie, qui a compris. Elle est partagée entre le bonheur de cette nouvelle et la crainte de l'opération qui m'attend. Elle voudrait bien m'accompagner, mais avec son fauteuil roulant, elle ne pourrait pas aller bien loin. Je la rassure immédiatement, branchée sur 10 000 volts que je suis.

— Maman, tout va très bien se passer. Je file chercher mes valises et j'y vais. Mais je te promets que, dès que je peux, je t'appelle pour te donner des nouvelles.

Elle sait pertinemment que je ne pourrai certainement pas lui passer de coup de fil avant un certain temps, même si tout se passe bien. Elle a toutefois prévu le coup et convenu avec Anthony qu'il serait le porte-parole entre les soignants et elle. C'est lui qui appellera l'hôpital et qui transmettra les informations, pour éviter de multiples dérangements pour la même patiente.

— Oui ma chérie, je sais. Mais j'aurais tellement voulu être capable de pouvoir t'accompagner, même si c'était pour rester des heures dans la salle d'attente. Tu sais bien qu'une mère est prête à tout quand la vie de ses enfants est en danger. Je sais que tu es entre de bonnes mains. Et Anthony me donnera de tes nouvelles… Mais, sois raisonnable, ne t'encombre pas, ne prends qu'une seule valise pour le moment. Jean-Marie et moi te ramènerons les deux autres quand nous viendrons te voir.

— Oui ! D'accord Maman !

Je me précipite à l'étage en ayant l'impression d'être tout à fait normale et de ne pas avoir de problème de santé. Je récupère ma valise et redescends comme si je partais en voyage. Maman me regarde. Elle sait que c'est un regain d'énergie, mais que le soufflé va vite retomber.

Dehors, j'entends déjà le moteur de l'ambulance : elle arrive !

J'appelle aussitôt Anthony et Élouan.

— Coucou les gars ! C'est moi. Je voulais juste vous annoncer une merveilleuse nouvelle. Je viens de recevoir un appel de la Pitié-Salpêtrière et je pars pour l'hôpital. Ils ont un cœur pour moi !

Comme je les ai eus au téléphone juste avant le repas, Anthony est très surpris par mon appel.

— Oh, mais c'est incroyable ! On vient juste de s'appeler… Du coup, tu as eu le temps de manger ?

— Non ! J'étais juste en train de me dépatouiller avec mon artichaut. J'avais à peine avalé deux ou trois bouchées que le coordinateur de greffe m'a appelée, pour me dire qu'un greffon était disponible. L'ambulance vient d'arriver, je dois vous laisser, mais je vous rappelle sur la route. Bisous mes amours ! Je vous aime !

— Nous aussi, on t'aime très fort ! À tout de suite.

Je regarde par la fenêtre de la cuisine pour m'assurer que c'est bien la compagnie Arc-en-ciel… aucun doute, c'est bien mon ambulance !

J'embrasse tendrement Maman, en prenant le temps nécessaire pour lui dire au revoir. Dans ma tête, c'est déjà un feu d'artifice ! Je suis tellement enthousiaste de partir pour cette magnifique aventure que mon sourire légendaire ne me lâche plus.

Jean-Marie prend ma valise et m'accompagne jusqu'à l'ambulance. Je salue le chauffeur et une ambulancière, qui m'attendent devant le véhicule. Elle vient m'aider à m'allonger sur le brancard, puis elle me pose des électrodes, pour que mon cœur soit sous électrocardiogramme pendant tout le trajet. Elle s'assoit ensuite sur un strapontin, près de moi. Tout s'est passé tellement vite que j'ai à peine le temps de dire au revoir à Jean-Marie par un signe de la main.

J'indique au chauffeur notre destination : l'hôpital de la Pitié-Salpêtrière à Paris, dans le 15e arrondissement. Je lui précise que nous devons y être dans 1 h 30 maximum, car il en va de la faisabilité de ma greffe. Et je rappelle Anthony et Élouan.

— Ça y est, je suis dans l'ambulance maintenant. Nous avons 1 h 30 pour arriver jusqu'à destination, mais ça va le faire !

Le chauffeur acquiesce :

— En tout cas, on va tout faire pour ! Mais comme nous sommes le week-end de Pentecôte, malgré l'urgence, je n'ai pas le droit de déclencher le gyrophare.

— Ce n'est pas grave, lui dis-je en plaisantant ! Si vous perdez vos points, mon mari à tous les siens… il vous en donnera quelques-uns.

— Oh eh ! Doucement… je n'ai pas envie de perdre mes points, hein. Je sais que tu es impatiente, mais nous aussi, crois-moi. Mais pas de bêtises, quand même !

— Mon ange ! Tu ne peux pas savoir à quel point je suis heureuse de partir enfin pour cette greffe. C'est tellement inespéré. Je te jure, c'est Disneyland dans ma tête. Tu pourrais me donner un million tout de suite, que je n'en voudrais même pas.

— J'imagine petit cœur ! Mais, pour nous, ça va être une autre aventure. Nous allons penser très fort à toi. Nous allons prier pour toi, pour que tout se passe bien et que tu nous reviennes.

— Oh ! Je suis sûre que je vais revenir. Je ne sais pas pourquoi, je ne peux pas l'expliquer, mais j'en ai toujours été sûre. Je n'ai pas peur de cette greffe, je l'attends même plutôt avec impatience. Je vous aime très fort les gars ! Je vous enverrai des messages tant que je pourrai, mais de toute façon, on se donne des nouvelles très vite. Tout va bien se passer.

XI
Le grand jour

J'arrive sans encombre, et dans les délais impartis, à l'entrée du bâtiment de *Cardiologie* de la Pitié-Salpêtrière. Là, c'est le coordinateur de greffe que j'ai eu au téléphone, qui m'accueille. Avec ma valise à la main, je le suis à travers le dédale de couloirs et de services, jusqu'à celui des soins intensifs. Je suis aussitôt prise en charge par un groupe de soignantes et soignants que je trouve très agréables, donc je me laisse totalement guider.

On me donne le nécessaire pour la douche postopératoire : pas de soucis ! Je suis en terrain connu. Je m'exécute avec facilité et enthousiasme. La seule crainte que j'ai, en allant dans ma chambre, est de glisser avec les chaussons de bloc et de tomber, mais j'y arrive sans encombre.

Là, j'y découvre un mot du Professeur Le Prince. Il a réussi à obtenir l'accès gratuit à la télévision pour tous les patients de ce service. Formidable ! J'allume instinctivement le poste et j'attends qu'on revienne s'occuper de moi !

Des infirmières, accompagnées d'une interne en cardiologie, ne tardent pas à entrer pour la prise de ma tension, un électrocardiogramme et la pose d'une perfusion, pour le produit anesthésiant. Malheureusement, la jeune interne, qui doit insérer la canule, s'y reprend a un nombre incalculable de fois, avant de déclarer forfait. Elle propose que ce soit fait directement par l'anesthésiste, au bloc opératoire. Il est vrai que tous les patients ne sont pas faciles à piquer et, pour mon cas, mes veines sont déjà bien fragilisées par des années de sollicitations. Malgré tout, je ne quitte pas mon sourire :

mon enthousiasme n'est absolument pas entaché par ces lourds protocoles de préparation, avant l'intervention qui m'attend.

Vers minuit, un brancardier vient me chercher. Au moment de quitter ma chambre, je suis positive, curieuse… Cette aventure, j'en ai tellement rêvé : c'est pour moi l'avenir qui s'ouvre enfin. Au bloc, on me propose une couverture chauffante. L'ambiance y est toujours aussi froide et austère, mais j'oublie bien vite cette atmosphère. L'infirmière anesthésiste me présente l'équipe qui va s'occuper de moi. Ils sont tous très aimables.

L'infirmier responsable du bloc arrive à son tour. Le téléphone sonne. Ça résonne fort dans cet espace où l'écho se répercute facilement sur les murs immaculés. Au bout du fil, c'est un interlocuteur très spécial, mais tellement indispensable, qui répond.

— C'est le médecin porteur du greffon, me dit l'infirmier. Il confirme le prélèvement et son arrivée imminente pour l'implantation.

Cela me rassure sur la viabilité de la greffe. En effet, il faut savoir que certains patients peuvent être endormis sans avoir cette information et se réveiller ensuite sans avoir été transplantés, à cause de l'état du greffon. C'est rare, mais ça arrive ! Je suis soulagée, mon intervention pourra être effectuée. C'est aussi à ce moment-là que je réalise ce qui va se passer… pour de vrai !

Sans pouvoir le signaler aux soignants qui m'entourent, je me sens partir doucement. Bizarrement, j'essaye de lutter pour m'assurer de bien m'endormir profondément ! Puis… c'est le trou noir.

Quelques sons me parviennent, puis des images, par bribes indescriptibles. Je suis confuse. Je ne sais pas depuis combien de temps je suis là. J'arrive enfin à ouvrir les yeux complètement et je souris en voyant le Professeur Montalescot. Aussitôt, je veux lui parler, lui exprimer à quel point je suis contente de le voir, car cela signifie que je suis revenue d'entre les morts. Je lui suis tellement reconnaissante, mais je suis intubée et je manque de lui vomir dessus aux premiers mots que je tente de lui adresser ! Il me sourit avec bienveillance.

— Restez tranquille Madame Pontgelard ! Il faut vous reposer maintenant. On se revoit très vite.

Ce que j'ignore à ce moment-là, c'est que je suis déjà à quelques heures de mon intervention et qu'il a personnellement appelé Anthony, pour l'informer que mon opération s'était très bien passée et que j'étais entre de bonnes mains. Je suis en phase de réveil, avec surveillance par monitoring et sous perfusion. Mon pronostic de guérison n'est pas encore assuré.

Le lendemain de mon retour en soins intensifs, on vient m'extuber. Je suis angoissée : cette manipulation est douloureuse, mais je reste scolaire et j'écoute attentivement ce que Jean-Loup, mon infirmier référent, m'indique pour faciliter le retrait de ce tube de ma gorge.

Je sais parfaitement où je suis, mais je n'ai aucune idée de l'heure ni du jour que nous sommes. C'est comme si le temps pour moi s'était arrêté… Je suis branchée de partout, mais je ne m'en rends pas forcément compte, car je n'ai pas besoin de bouger. On m'apporte un verre d'eau, une compote et un laitage.

Les premières complications se font alors ressentir. Je suis maladroite, je n'ai pas de force et je manque cruellement d'appétit. Mais, tout cela ne m'inquiète pas le moins du monde : après une intervention, quelle qu'elle soit, on n'est déjà pas forcément en forme, alors là, pour une greffe, ça se comprend d'autant plus. À aucun moment, je ne prends la mesure exacte de ce que je suis en train de vivre. Bien entourée et bien prise en charge, pourquoi me ferais-je du mouron ? J'ai juste besoin de laisser du temps au temps et, ça tombe bien… j'en ai à perdre. La nuit, par chance, je dors bien et je ne vois pas les heures passer.

Nous sommes le 7 juin, un mercredi, jour de fermeture à la boulangerie et, par définition, un jour de repos pour Anthony, qui peut en profiter avec Élouan. J'ai besoin de les entendre, aussi je demande à Jean-Loup s'il est possible de récupérer mon portable. Ma voix est rauque et difficilement audible, à cause de l'extubation de tout à l'heure, mais qu'à cela ne tienne : s'ils ne m'entendent pas bien, moi au moins, je les entendrai…

Jean-Loup m'a installé le téléphone sur une petite tablette, à hauteur de mon visage, avec le haut-parleur activé, afin de limiter mes mouvements tout en restant à l'aise pour leur parler.

Anthony décroche au bout de cinq sonneries :

— Allô !

— Coucou petit cœur ! C'est moi !

— C'est toi ? C'est vraiment toi ? Oh non, je n'y crois pas ! Attends ! Ne bouge pas, je mets le haut-parleur. Élouan est à côté de moi. Écoute, Loulou, c'est maman ! Je n'en reviens pas ! J'ai cru qu'on t'avait piqué ton téléphone.

— Mais non mes amours ! C'est bien moi ! dis-je en rigolant. Qu'est-ce que je suis contente de vous avoir… Bon là, je n'ai pas une super voix, parce qu'on m'a retiré la sonde aujourd'hui, mais sinon ça va. Je tenais à vous avoir un petit peu, mais je ne vais pas pouvoir rester longtemps, car je fatigue vite. Jean-Loup va me reconnecter Skype, donc on va pouvoir se rappeler rapidement.

— C'est génial petit cœur ! Qu'est-ce que ça fait du bien de t'entendre ! Tu ne peux pas savoir comme nous étions inquiets. Tu sais, le Professeur Montalescot nous a appelés, dès que tu es sortie du bloc. C'est lui qui nous a téléphoné directement, sans passer par un infirmier ou une infirmière… Tu imagines ?

— Ah oui ! Je veux bien vous croire. Il est passé me voir hier aussi… J'ai même failli lui vomir dessus.

Je ris.

— Et sinon, vous faites quoi là, mes amours ?

— Ben là, tu vois, on est en voiture avec Élouan. On était partis faire des courses.

— Super ! Bon ben, je vais devoir vous laisser… je suis assez fatiguée. Mais on se reparle très vite, hein ! Je vous aime très fort.

— Bisous Maman !

— Bisous mon ange ! On te laisse nous rappeler dès que tu le sens. À très vite, on t'aime nous aussi !

— Bisous mes amours !

Je suis tellement heureuse de les avoir eus au téléphone que les larmes coulent toutes seules, mais, paradoxalement, je me sens également vide de toute énergie et je ne tarde pas à m'endormir.

Les 3e et 4e jours, il ne se passe rien de particulier. Jean-Loup vient me voir régulièrement, pour faire le point sur mes soins. Je ne suis pas très bavarde, contrairement à d'habitude, mais je me sens globalement bien.

Samedi matin, Jean-Loup arrive cette fois-ci avec une infirmière. Elle est en dernière année d'étude et elle l'accompagne dans sa tournée. C'est elle qui va me retirer l'un des trois drains dans mon ventre, si je le veux bien. Je ne suis absolument pas inquiète : elle a l'air gentille et Jean-Loup est à ses côtés pour lui indiquer les bons gestes à pratiquer.

Il soulève le drap, ma chemise d'hôpital et me demande de respirer profondément. Je m'exécute. La jeune infirmière me prévient qu'elle va procéder au retrait du drain. Elle pose ses mains sur le tuyau et le suit jusqu'au petit bidon, au pied de mon lit, dans lequel retrouvent les déchets drainés par l'organisme.

— Bien ! Madame Pontgelard, vous allez prendre une profonde inspiration, puis expirer très fort jusqu'à ne plus avoir de souffle, le temps que mon assistante retire le drain.

— OK ! Vous pouvez y aller, je suis prête !

En quelques secondes, le tube est extrait. La sensation est douloureuse, car on sent bien une certaine adhérence qui s'était déjà mise en place. Je prends sur moi et ne dis rien à l'infirmière pour ne pas la bousculer. Elle semble déjà impressionnée par l'acte qu'elle vient de réaliser : c'était la première fois pour elle et, en l'occurrence, pour moi aussi.

Jean-Loup m'indique qu'il en reste encore deux, mais qu'ils seront retirés plus tard.

— Voilà Madame Pontgelard ! Tout va bien ?

— Oui, ça va ! Au final, ça ne s'est pas trop mal passé. Ce n'est pas ce que j'ai connu de plus agréable, mais je reconnais le savoir-faire de votre collaboratrice. En tout cas, merci beaucoup à vous ! Vous m'avez bien guidée sur la marche à suivre, et, sincèrement, ce n'était vraiment pas méchant.

— Bon maintenant, est-ce que vous souhaitez vous lever ? Je peux vous installer dans le fauteuil à votre droite si vous voulez.

— Oh oui ! Je veux bien. Ce serait un vrai bonheur. J'ai tellement hâte de pouvoir reprendre le dessus et puis j'ai besoin d'aller à la selle… je sens que ça revient.

— OK ! Alors, ne bougez pas, je vais vous installer sur une chaise bidet. C'est l'idéal pour vos premiers besoins. Dès que vous aurez fini, vous aurez juste à nous biper et nous viendrons vous nettoyer, avant de vous mettre au fauteuil.

Super ! J'adore l'idée. Je suis tellement excitée de pouvoir me relever et de sentir à nouveau mon corps, que j'ai le sourire jusqu'aux oreilles.

Jean-Loup se présente à ma droite. Il met sa main derrière mon dos, en me soulevant le bras, et là, instinctivement, j'essaye de remonter le torse toute seule… mais rien ne bouge. Qu'à cela ne tienne, je retente aussitôt ! Bon, je sais que je ne suis pas sportive et que mes abdos ne sont pas ma priorité absolue, mais cette situation me met en panique totale. Je regarde Jean-Loup.

— Jean-Loup ! Je ne comprends pas. Je n'arrive pas à me relever. Mais qu'est-ce qui se passe ?

— C'est parfaitement normal, ne vous inquiétez pas ! C'est moi qui vais vous aider à vous relever. Vous ne pouvez pas le faire toute seule : votre thorax a été ouvert et vos côtes ont été luxées. Il va falloir un petit peu de temps avant que tout cela ne se remette en place.

Aussi, je me laisse faire… J'ai l'impression d'être un véritable pantin. Je ne le montre pas, mais au fond de moi, je suis déçue. Je n'avais pas pris conscience de la lourdeur de l'intervention que je viens de subir, mais là, je m'en rends bien compte. En fait, je suis tellement heureuse d'être en vie, que je ne mesure pas les difficultés qui m'attendent et je ne veux surtout pas y penser. Je suis sur la fameuse chaise bidet et mes premières selles arrivent. C'est incroyable cette sensation que l'on peut ressentir quand on retrouve des fonctions aussi naturelles que celles-ci.

Après avoir bipé Jean-Loup, pour m'essuyer et me mettre au fauteuil, mon premier réflexe est d'appeler Anthony. Je lui raconte mes progrès, en omettant volontairement le passage sur mes difficultés à me lever. Ils sont loin et je n'ai pas du tout envie de les inquiéter.

Jean-Loup m'indique ensuite que je vais être transférée dans une chambre climatisée, à l'étage du dessous. Je vais donc, au bout du 5e jour, quitter les soins intensifs. Mais, avant mon départ, il tient à m'expliquer la manière dont je dois gérer mon traitement.

— Au début, vos médicaments vous ont été injectés par intraveineuse, puis vous les avez avalés à chaque repas. C'est très important de manger pendant la prise du traitement, pour ne pas endommager votre estomac. Il y a également quelque chose de très important que vous devez faire : c'est continuer à prendre votre traitement tous les jours, à la même heure, avec un écart maximum d'une heure. Jusqu'ici, je vous apportais vos médicaments à 8 h 30 et à 20 h 30, pour respecter un écart impératif de douze heures entre chaque prise, mais vous pouvez désormais les prendre entre 8 h et 9 h le matin et jamais plus qu'entre 20 h et 21 h le soir. Régulièrement, l'infirmière viendra vous faire une prise de sang pour contrôler votre taux de cyclosporine[26], que nous appelons T0, dans notre jargon. Cela donnera une indication sur le dosage d'antirejet à adapter, en fonction des réponses de votre organisme au traitement. Il faut savoir aussi que vous devrez prendre ces médicaments à vie, toujours à heure fixe. Et, si vous vomissez, il faudra aussitôt appeler l'hôpital de jour pour connaître la marche à suivre : soit reprendre le traitement, soit ne rien faire en attendant la prochaine prise.

---

[26] La cyclosporine (ciclosporine) est un médicament qui diminue la réponse du système immunitaire. Elle est utilisée, seule ou en combinaison avec d'autres médicaments, pour prévenir les rejets de greffons dans les programmes de transplantation.

La liste de mon traitement est longue : il y a des médicaments pour le bon fonctionnement de mon organisme, un pansement gastrique et des comprimés pour le cholestérol. Je découvre ainsi que le greffon avait une plaque d'athérome sur les coronaires… moi qui en étais préservée jusqu'à maintenant. Mais, il y a surtout les immunosuppresseurs[27] qui permettent d'inhiber, ou du moins de réduire les réactions immunitaires de l'organisme face au corps étranger qu'est le greffon. Cela doit toutefois maintenir un niveau suffisant de défense, pour continuer à remplir le rôle de protection contre les maladies. La difficulté est que ce greffon ne sera jamais reconnu comme une partie de moi-même et le rejet peut intervenir à tout moment, même des années après.

Jean-Loup m'explique ensuite que, dans le service dans lequel je vais être transférée, je vais bénéficier d'exercices de kinésithérapie. Ça va m'aider à retrouver mon souffle, le sens cognitif, ainsi que ma capacité à me lever et marcher. Je pourrai également récupérer tous les gestes du quotidien. Je commencerais aussi le traitement de fond, pour le suivi de ma greffe… C'est déjà un joli programme !

Je suis contente qu'on ait eu cette discussion, car j'aime bien savoir où je mets les pieds. Et puis, quitter les soins intensifs, même si c'est un signe de guérison en bonne voie, c'est quand même une étape à franchir. Il me faut accepter de quitter les seuls points de repère que j'avais depuis l'intervention. Je n'ai pas vraiment conscience que c'est rapide. Pour moi, c'est simplement l'évolution de mon état d'esprit, qui veut reprendre rapidement le dessus pour m'en sortir et pouvoir rentrer chez moi le plus tôt possible.

Je quitte donc Jean-Loup et son équipe, avec une petite pointe de nostalgie. Je me suis attachée à cet infirmier particulièrement gentil et toujours prêt à répondre à mes moindres demandes.

---

[27] Les traitements immunosuppresseurs ou immunodépresseurs sont des traitements qui limitent l'action du système immunitaire. On les utilise lorsque le système immunitaire ne fonctionne pas correctement (maladies auto-immunes) ou que l'on souhaite le mettre au repos (chez les personnes transplantées, pour prévenir le rejet de la greffe).

XII
Je remarche

On me bascule de mon fauteuil sur une chaise roulante, pour m'emmener jusqu'à ma nouvelle chambre. C'est seulement là que je me rends compte que je suis perfusée par le cou, à une machine qui m'injecte des produits par le biais de seringues. C'est très impressionnant et j'espère en être vite débarrassée. Pour les déplacements, entre les bidons de réception de mes drains et cette grosse machine, je ne peux pas dire que ce soit très pratique. Enfin, l'essentiel est que je ne souffre pas, bien que je ne sois pas encore autonome. Je ne me lance pas de défi inutile pour l'instant : j'attends patiemment qu'on vienne me délivrer.

Dans cette chambre, il y a la climatisation. Tant mieux, car il doit faire bien beau dehors. On sent la chaleur s'insinuer dans les couloirs… J'ai une fenêtre qui donne sur l'extérieur. C'est plutôt agréable de retrouver la lumière du jour !

On m'installe dans mon lit et, très vite, je fais connaissance avec une autre infirmière et une autre équipe médicale. Elle me dit que je pourrai passer à la salle de bain dès demain matin, avec l'assistance d'un aide-soignant.

La nuit se passe relativement bien, si ce n'est que j'entends un patient très agité, dans la chambre d'à côté. Par la porte de ma chambre restée ouverte, je le vois tout à coup quitter sa chambre en hurlant… Du sang coule du pli de son coude. Les infirmières de nuit viennent très vite me rassurer et me dire qu'il a été pris en charge. Elles m'expliquent que la morphine l'a fait délirer, mais que c'est passager. Tout est rentré dans l'ordre. Je suis également sous morphine, mais je n'ai heureusement pas ces effets secondaires. En revanche, cela me rend confuse et faible, aussi je demande à l'infirmière si je peux arrêter cette substance.

— Je vais en parler au cardiologue dès demain et je reviendrai vers vous.

— Très bien ! Merci beaucoup. Vous pourrez lui préciser que je ne souffre pas ou très peu et que mon seuil de tolérance à la douleur est large ?

— Oui ! Je lui dirai.

Je ne m'inquiète pas : tout est tellement bien organisé et serein, qu'on se laisse très facilement guider par le personnel soignant.

Le lendemain matin, un dimanche, un jeune aide-soignant entre dans ma chambre pour me lever. Il m'indique que je peux aller à la salle de bain. Mes affaires ont été sorties de mon Vanity et je peux faire ma première toilette.

— Je vous laisse vous déshabiller et enlever vos pansements seule. Vous pourrez vous passer un coup de gant de toilette et vous brosser les dents.

Hein ? Quoi ? Je peux me laver et me brosser les dents, ça ne me pose pas de souci, mais je suis en panique totale à l'idée de me prodiguer des soins toute seule, en retirant ces pansements. D'autant plus que je me sens incapable de voir ma cicatrice. Je ne suis pas du tout à l'aise avec ça. J'ai un conflit interne avec cette notion et c'est toujours Anthony qui les a vues le premier. Puis, après quelques jours, quand c'était un peu plus présentable, il mettait un miroir devant pour que je puisse les voir. Ce n'est certainement pas moi, toute seule, bien encadrée dans un service hospitalier, qui vais m'aventurer à faire cette tâche.

Dès que l'aide-soignant est sorti, j'appelle aussitôt Anthony pour lui exprimer mon inquiétude et mon désarroi, avec à la clé une forte émotion qui me submerge.

— Mais non mon ange ! Ne t'inquiète pas. Ce n'est pas à toi d'enlever tes pansements. Si tu ne veux pas voir cette cicatrice, c'est tout à fait normal ! Attends le médecin de service ! Il ne va pas tarder à passer. À ce moment-là, tu pourras lui en parler directement.

Évidemment, il a tout à fait raison. Je ne peux pas m'empêcher d'être en colère contre cet aide-soignant, qui m'a perturbée. J'attends donc patiemment le médecin, pour lui en faire part.

Comme chaque matin, il ne tarde effectivement pas à arriver dans ma chambre. Il est accompagné de plusieurs étudiants et internes, ce que j'avais accepté préalablement.

— Bonjour Madame Pontgelard ! Alors, comment va la patiente la plus souriante et la plus sympathique de notre service ?

— Bonjour ! Très bien Docteur, merci beaucoup ! Je vois que vous êtes bien encadré. Mais, avant de commencer, j'aimerais vous faire part d'un incident survenu ce matin.

Et là, mes larmes commencent à couler… Le médecin s'adresse alors à son groupe.

— Mesdames et Messieurs, veuillez quitter la chambre, s'il vous plaît. Je souhaite m'entretenir avec la patiente. Je reviendrai vers vous dès que nous serons prêts. Merci !

Je suis extrêmement touchée par tant de sollicitude. Je reprends mes esprits et lui explique alors ce qui s'est passé ce matin, avec l'aide-soignant.

— Très bien Madame Pontgelard ! Effectivement, ce n'est pas à vous de vous occuper de vos pansements. Si vous êtes d'accord, je vais regarder ça moi-même, avec l'équipe qui m'accompagne. Prenez le temps qu'il vous faut avant de regarder vous-même votre cicatrice. Plus la cicatrisation sera avancée, plus ce sera facile. D'ici quelques mois, il ne restera qu'un petit trait de crayon.

— Merci beaucoup Docteur ! Merci d'avoir pris le temps de m'écouter. Et, je veux bien que les pansements soient enlevés lors de cette consultation.

Le médecin rappelle alors son équipe, qui attend dans le couloir. Tout le monde est masqué et ganté, la visite peut reprendre… Le médecin lance ensuite son exposé.

— Nous sommes dans la chambre de la patiente Madame Pontgelard Gaëlle, 42 ans, greffée du cœur, depuis à peine une semaine.

Il refait le tour de l'histoire médicale qui m'a amenée jusqu'à ce jour. Un interne me pose alors une question.

— Vous êtes suivie par un cardiologue de chez nous, je crois ?

— Oui, c'est exact ! Parle Professeur Montalescot. Il me suit depuis 2010. C'est lui qui a découvert ma pathologie.

Le médecin de service explique que je suis la protégée du Professeur depuis notre rencontre, il y a sept ans. D'autres me demandent ensuite comment je me sens et si je connais mes traitements et contre-indications. Ces échanges sont agréables et familiers. Ces jeunes médecins en devenir sont certainement impressionnés par cet exercice de terrain, mais ils s'en sortent très bien. Ils écoutent attentivement mes réponses et mes demandes. Aussi j'en profite pour réclamer la visite du kinésithérapeute, afin de commencer mes premiers exercices. Je demande également si les deux drains restants peuvent être retirés, ainsi que les perfusions. Je ne lésine pas sur les doléances… Le médecin me répond :

— Oui, nous allons demander au kiné de venir vous lever dès cet après-midi. Je n'y vois aucune objection. Pour le retrait des drains, nous verrons demain, en fonction des rejets retrouvés dans les réceptacles. Quant à la morphine, l'infirmière m'en a déjà fait part et je n'y vois pas d'inconvénient : on vous la retire en fin de matinée. Cela vous permettra de vous déplacer plus facilement. Nous vous donnerons du Tramadol [28]si vous avez des douleurs. Souhaitez-vous autre chose, Madame Pontgelard ?

---

[28] Ce médicament est un antalgique de la famille des opioïdes. Il est utilisé dans le traitement de la douleur, en agissant directement sur sa perception par le cerveau.

— Non, ça ira. Merci !

— Bien, nous avons fait le tour. Nous allons donc vous laisser et poursuivre notre tournée. À demain Madame Pontgelard !

Je les salue tous, avec un grand sourire, et leur souhaite bon courage. Je rappelle ensuite Anthony, pour lui faire part de tous ces avancements. Il est aussi content que moi. Je ne le dérange pas longtemps, car, de son côté, le travail ne manque pas. Toutefois, j'aurai quand même droit à une petite précision de sa part.

— En tout cas, ne t'inquiète pas pour nous ! Ici, tout est sous contrôle. Élouan et moi, nous allons très bien. Ne pense qu'à ta guérison et à nos retrouvailles… Je t'aime !

— Je t'aime tellement aussi !

C'est le moment de raccrocher pour la deuxième fois de la matinée. Vivement ce soir que je les retrouve par Skype.

Le reste de la journée se passe bien. L'infirmière est venue me retirer la morphine, puis le personnel soignant n'est pas revenu avant midi, pour nous servir le déjeuner. C'est l'un des moments toujours très attendus pendant ces longues journées d'hospitalisation, uniquement rythmées par le passage des soignants, les coups de téléphone aux proches, la télévision et les repas.

Vers 14 h, j'ai la surprise de recevoir la visite du kiné. Je ne m'y attendais pas si tôt. C'est un monsieur de taille moyenne, au teint mat et doté d'un fort accent portugais. Sa voix ensoleillée est très agréable à entendre.

— Le médecin responsable du service, qui est passé vous voir ce matin, m'a dit que vous souhaitiez ma visite, donc me voilà !

— Ah, super ! lui réponds-je avec un sourire jusqu'aux oreilles.

Très bien ! Je vais donc commencer par vous expliquer le fonctionnement de cette petite machine. Elle sert à retrouver une respiration régulière et profonde.

Il me présente alors un appareil en plastique transparent, avec plusieurs tubes, comme des tubes à essai, où se trouvent des petites billes bleues. Mon but est de faire monter ces billes en adoptant la bonne respiration, tout cela seulement par la bouche. Sincèrement, cet exercice n'est pas facile, mais je m'applique et je reste persévérante. Il m'indique qu'il me laissera cette machine pour que je puisse m'exercer trois fois par jour.

— La semaine prochaine, on pourra commencer la marche. Vous aurez retrouvé une bonne posture et un rythme d'inspiration-expiration convenable. Ce sera utile pour bien oxygéner votre organisme pendant l'effort.

— Alors ! Par contre, je préfère vous le dire tout de suite : j'aimerais bien que cet exercice ait lieu aujourd'hui. Je me sens prête et je n'ai pas très envie d'attendre la semaine prochaine. Ma guérison dépend de mon mental et je peux vous garantir que de ce côté-là, je n'en manque pas.

— D'accord, dit-il avec un grand sourire. Eh bien, écoutez ! Ça tombe bien, j'ai une patiente qui s'est désistée. On va pouvoir essayer une petite marche dans le couloir, mais attention, hein ! À votre rythme et sans forcer.

J'imagine que ma détermination a dû l'amuser. Je suis survoltée, j'attendais ça avec tellement d'impatience. Je n'ai qu'une hâte, c'est de démarrer tout de suite. Je n'ai aucune idée de la complexité de l'exercice. J'ai encore beaucoup de mal à prendre conscience que je suis fraîchement greffée et que les choses vont mettre du temps à se rétablir. J'oublie que ça ne sert à rien de forcer l'organisme à se remettre plus vite que de raison, mais mon mental est comme ça, je n'ai jamais rien lâché. J'ai toujours appris à me battre et à persévérer, quoi qu'il en coûte. Je continue donc sur cette lignée, qui m'a toujours apporté plus de bénéfices que d'inconvénients.

— Je suis prête ! On peut y aller.

— Alors ! Dans un premier temps, assoyez-vous sur le bord du lit, en respirant tranquillement. N'oubliez pas de bien inspirer par le nez et d'expirer par la bouche. Je récupère la chaise roulante et je reviens tout de suite.

J'arrive péniblement à me relever et à me mettre sur le bord du lit. Je ressens un léger vertige, mais je prends une profonde inspiration et je souffle longuement. Je temporise mes émotions, pour ne pas être submergée par elles.

Le kiné approche la chaise roulante. Il pose les bidons de drains dessus, puis me dit :

— Vous pouvez attraper les poignées pour vous relever. J'enlèverai les freins quand vous serez debout et vous pourrez commencer à marcher. Il faudra y aller très tranquillement au départ… vraiment un pas après l'autre, au moins jusqu'à ce que nous soyons sortis de la chambre.

Mes premiers pas sont gauches. Je dois me concentrer pour que mon cerveau réapprenne comment on met un pied devant l'autre et retrouver cette faculté acquise pourtant depuis tellement d'années. Mais je ne me décourage pas, l'envie est trop présente. Lorsque nous arrivons à la porte de la chambre, il continue de me guider verbalement.

— Maintenant, on va prendre le couloir par la droite.

C'est une sensation complètement folle : je marche ! Bien évidemment, à tout petits pas, mais je marche… Je suis partagée entre la joie de pouvoir avancer seule, presque sans assistance, et cette impression que mes poumons sont complètement obstrués, avec une respiration saccadée. Je retiens mon enthousiasme, afin de mieux me concentrer sur le mouvement de mes pieds. Je me suis fixé un but :

— Je voudrais aller jusqu'au bout du couloir !

— Vous êtes sûre ?

Le kiné ne semble pas habitué à avoir une patiente aussi déterminée et volontaire, surtout à si peu de temps de l'intervention. Toutefois, il accepte de m'accompagner jusqu'au bout du couloir.

— Il faudra penser au retour vers votre chambre ensuite. Et je crois que ce sera bien suffisant pour aujourd'hui.

Je suis très contente. Je me débrouille bien et c'est une énorme étape pour moi.

Nous nous quittons sur cette séance très prometteuse. Il informe ensuite les infirmières que je peux sortir seule du bâtiment, afin de me rendre dans le *Parc de la Hauteur*, en face, qui est toujours dans l'enceinte de l'établissement.

Il est déjà 16 h 30, je suis exténuée et je ne tarde pas à trouver un sommeil réparateur, jusqu'à l'heure du dîner.

Je me réveille à peine de ma sieste que l'aide-soignante ce matin, dont j'avais trouvé l'attitude peu orthodoxe, entre dans ma chambre.

— Bonsoir Madame Pontgelard. Pouvez-vous m'accorder un instant ?

— Oui, bien sûr !

De toute façon, je n'ai que ça à faire…

— Voilà, je voulais m'excuser pour mon attitude de ce matin. Le médecin m'a dit que c'était totalement déplacé de vous demander d'enlever vous-même vos pansements.

— Merci beaucoup ! J'accepte vos excuses, mais je tiens quand même à vous signaler que vous m'avez généré un stress qui m'a conduite aux larmes. J'ai échangé à ce sujet avec mon mari, qui se trouve à 500 km d'ici, et franchement, nous n'avions pas besoin de ça.

Il me remercie et se retire assez rapidement… Je ne le reverrai plus, pour s'occuper de moi.

XIII
Mes amours… enfin !

Les garçons m'appellent par Skype vers 20 h 30, une fois que le magasin et la caisse sont fermés. C'est Élouan que je vois en premier. Il m'explique que Papa arrive, qu'il est en train de monter les escaliers. On parle de la journée et de quelques banalités pour ne pas avoir à répéter l'essentiel. Je sens Élouan très heureux et enthousiaste, sans tout de suite comprendre pourquoi.

Anthony arrive devant l'écran. Nous échangeons globalement sur ce qui s'est passé après mon coup de fil de ce matin. Je lui raconte ma formidable séance de kiné et ma permission de sortie.

— Bon, alors écoute ! Nous aussi, on veut t'annoncer une super nouvelle. Élouan et moi allons venir te voir à Paris. Nous avons tout organisé : je vais fermer mardi après-midi, pour pouvoir faire un aller-retour en TGV, et nous dormirons chez Arnaud. Comme ça, nous pourrons venir te voir dès mardi soir en arrivant, et aussi le mercredi.

Je suis emplie d'un immense bonheur : les revoir est la plus belle chose qui puisse m'arriver. En même temps, je retrouverai Arnaud, toujours présent à mes côtés. Il est célibataire et c'est leptus proche géographiquement, mais il a un travail très prenant : il est chercheur en cancérologie à l'Institut Curie. Pour autant, il trouve toujours du temps pour moi, comme pour Anthony et Elouan. J'ai tellement hâte de les revoir, ils me manquent terriblement… Notre conversation est essentiellement basée sur leur venue et sur la joie immense que cela nous procure à tous les trois.

Cette nuit-là, je ne tarde pas à m'endormir. Les rêves les plus fous traversent mon esprit et ils ne vont pas tarder à se réaliser.

Le lendemain matin, une infirmière vient me retirer les deux drains restants, avec le même procédé que pour le premier : une grande inspiration suivie d'une longue expiration, le temps de l'extraction du tuyau de l'organisme. Cette fois aussi, je tombe sur une personne très professionnelle et je ne souffre absolument pas de cette ablation.

Tout le service est très rapidement au courant que les garçons vont venir me rendre visite… L'après-midi, je demande si je peux sortir du bâtiment, pour aller faire quelques pas au sein de cette petite cité qu'est la Pitié-Salpêtrière. L'infirmière de garde, qui a eu l'information par le kiné, ne s'oppose pas à ma promenade, mais me demande de rentrer avant le dîner.

Je sors donc de ma chambre, masquée, en appui sur ma chaise roulante. J'accède à l'ascenseur qui se trouve juste à côté du poste infirmier, puis je descends au rez-de-chaussée sans difficulté et je me retrouve dans le hall. Là, je prends un temps de respiration. Je sors de l'immeuble et je fais quelques pas en direction de la cafétéria, juste en face. Puis, je reviens sur mes pas, pour m'asseoir sur un banc à l'ombre, car le soleil est déjà au zénith.

J'ai emporté avec moi le livre *Soigner–Nice, 14 juillet 2016*, écrit sous la direction du Dr Marc Magro. C'est Maman qui me l'a offert. Elle connaît bien mon goût pour la lecture, notamment pour les histoires tirées de faits réels et les biographies. Ce livre est un livre-mémoire, avec les témoignages de soignants qui ont vécu l'attentat de Nice, l'année dernière. Je me sens super bien, détendue, je profite à la fois du livre, mais également du simple fait de voir les allées et venues des passants, patients et médecins, qui rythment la vie de l'hôpital.

Je ne fais pas faux bond à l'infirmière et je rentre comme prévu à 18 h 30, déjà bien fatiguée par cet effort assez conséquent pour moi, à tout juste une semaine de l'intervention. Je n'arrive pas à imaginer que, demain enfin de journée, les garçons seront dans ma chambre. D'ailleurs, j'en parle à tous ceux que je croise, quelle qu'en soit la raison.

Mardi 13 juin, il est 13 h 30 à la pendule. C'est à cette heure-ci qu'Anthony ferme le magasin et prend le chemin de la gare avec Élouan, direction nos retrouvailles.

Cet après-midi-là, je sors de nouveau pour prendre l'air. Je ne me lasse pas devant les gens qui déambulent devant moi. C'est signe de vie, ce pacte que j'ai signé une deuxième fois en acceptant cette greffe.

Je remonte dans ma chambre vers 17 h 30 et je m'installe confortablement dans mon lit, quand j'entends la voix d'Anthony au loin… Mon cœur va sortir de ma poitrine tellement il bat fort ! À ce que je perçois du couloir, il a apporté des douceurs, des fars aux pruneaux, des kouign-amann pour les soignants, alors forcément, il fait l'unanimité. Sans compter que dans le service, tout le monde les connaît déjà sans les avoir rencontrés, car je ne taris pas d'éloges envers mes deux amours.

Par le hublot de ma porte, je les aperçois enfin tous les deux. L'infirmière leur indique le protocole sanitaire à suivre… Je les vois s'équiper de masques, de charlottes et de surchaussures, puis se nettoyer les mains au gel hydroalcoolique, avant de pouvoir entrer dans ma chambre. Mon cœur bat à 100 à l'heure. Je suis tellement heureuse de les revoir, j'ai l'impression de les avoir quittés il y a si longtemps…

Anthony fait entrer Élouan en premier. Il me regarde avec ses grands yeux, puis, après une légère hésitation à cause du risque de contamination, il se précipite vers moi pour me serrer dans ses bras. Anthony s'avance à son tour et nous nous étreignons tendrement tous les trois, pendant plusieurs minutes…

Je bous littéralement de joie. C'est l'un des plus beaux jours de ma vie, après mon mariage et la naissance de mon Loulou, bien évidemment. Je suis très heureuse qu'ils me voient en bonne condition, comme je le suis aujourd'hui, sans drains, ni perfusions, ni tuyaux… Nous échangeons quelques banalités sur leur voyage et leur moral. Je les trouve apaisés, malgré ce par quoi, eux aussi, ils viennent de passer.

Anthony est content d'être venu en TGV. Il est exténué par le travail et, au moins, il a pu se reposer pendant le trajet, avant l'excitation de nos retrouvailles.

Il a prévenu nos collègues boulangers du port de Locmariaquer de la fermeture de notre magasin pour me rendre visite. L'entente entre commerçants est cordiale et il nous paraît indispensable de garder ce lien de communication, pour un meilleur service à la clientèle.

Je fatigue vite, mais je suis tellement ravie de leur présence, que je n'en lâche pas une miette.

Le soir venu, Arnaud vient les chercher à l'hôpital, après son travail. Je l'accueille avec beaucoup de reconnaissance de prendre soin d'eux et de leur permettre de passer la nuit chez lui. C'est tellement gentil de sa part. Mais je suis également triste de les voir partir déjà, même si je sais que j'aurai le plaisir de les revoir demain, avant leur retour en Bretagne.

Cette nuit-là est courte et j'ai du mal à trouver le sommeil, pleine d'attente de les retrouver. Je trépigne dans mon lit, pendant des heures, qui ne passent pas assez vite, tellement je pense à eux très fort. Toutefois, je sais qu'ils sont bien, et ça, c'est l'essentiel !

Le lendemain, en fin de matinée, je suis impatiente de leur retour. Anthony a négocié un droit de visite plus tôt avec les infirmières, car ils doivent repartir en milieu d'après-midi. Heureusement, cela passe très vite, leur arrivée est imminente. Je les entends déjà, lorsque l'équipe médicale quitte ma chambre, après la visite journalière. J'ai hâte de partager encore du temps avec eux.

Dans le couloir, Anthony est retenu par le médecin responsable du service, qui l'aborde.

— Bonjour ! Vous êtes Monsieur Pontgelard, je présume ?

— Oui, bonjour !

— Au nom de toute l'équipe, merci beaucoup pour vos kouign-amanns. Nous en raffolons.

— Avec plaisir ! C'est bien le moins que je puisse faire au regard de ce que vous avez fait pour mon épouse.

— Ah mais, vous savez ! On l'a juste réparée. C'est elle qui est exemplaire. Des tempéraments comme le sien, on n'en rencontre pas tous les jours, croyez-moi. C'est une battante, très positive et persévérante notre patiente. Si tout le monde était comme elle, on n'aurait plus grand souci à se faire.

— Mais en fait, pour l'opération, c'est comme changer des câbles de frein ? demande Anthony, en plaisantant.

— C'est tout à fait ça ! On a juste remplacé une machine, puis on a fait redémarrer le tout. Mais, en réalité, c'est elle qui a fait le plus gros.

— En tout cas, un grand merci pour cet échange, vos paroles réconfortantes et votre bienveillance envers mon épouse… Je peux vous demander une faveur ?

— Oui, bien sûr !

— Serait-il possible de rencontrer Jean-Loup, l'infirmier en soins intensifs ? Il a pris soin de mon épouse et de son bien-être postopératoire. Et puis, il nous a tellement facilité nos échanges à distance, que je voudrais le remercier en personne.

— Mais bien sûr, Monsieur Pontgelard ! Je sais qu'il travaille aujourd'hui, je lui demande de passer vous voir dès qu'il a un moment. Lui aussi sera certainement très content de vous rencontrer. Il a beaucoup entendu parler de vous, ajoute-t-il avec un clin d'œil. Bonne journée à vous trois et bon retour en Bretagne !

Après avoir suivi scrupuleusement le même protocole que la veille, Anthony entre dans ma chambre, avec notre Loulou. Il me raconte avec enthousiasme et une émotion palpable sa rencontre avec le médecin dans le couloir.

Nous discutons tous les trois de notre nuit, du bonheur d'être ensemble et de ce que l'équipe médicale me prodigue comme soins chaque jour qui passe.

Jean-Loup fait alors son entrée dans la chambre. C'est un vrai moment de pure émotion : nous sommes tellement heureux de pouvoir lui montrer notre famille réunie.

— Vous ne pouvez pas savoir comme je suis heureux et reconnaissant de tout ce que vous avez fait pour nous, ma famille, mais surtout pour ma femme.

— Ah mais, c'est mon travail ! Et puis Gaëlle est une patiente particulièrement agréable et volontaire. Elle ne se plaint jamais, donc c'est plus facile de s'occuper de patients comme elle. En plus, vous-même, vous avez été respectueux du service, en appelant aux heures de nuit, quand cela ne dérangeait pas notre travail.

Nous continuons à discuter un peu avec lui, avant qu'il ne reparte travailler.

— Dernière petite chose avant que j'y retourne : ça vous dit que je vous prenne en photo tous les trois ?

— Oh oui ! Merci, lui répondons-nous à l'unisson.

Nous nous parons alors d'un immense sourire de bonheur, qui vient magnifier la photo prise par Jean-Loup. Nos échanges sont plus que cordiaux. Nous le laissons ensuite retourner à ses fonctions, après toute la chaleur de sa visite.

Nous envoyons très vite cette photo à l'ensemble de notre répertoire, afin de partager avec nos amis et nos proches cet instant suspendu.

Je laisse quelques instants Élouan et Anthony, afin de me préparer dans la salle de bain attenante à ma chambre. Ce midi, nous avons prévu de déjeuner ensemble à la cafétéria, avant leur départ. Je veux leur montrer que je vais beaucoup mieux et que je peux prendre appui sur ma chaise roulante pour me déplacer. J'atteins l'ascenseur, sans trop de difficultés, sous les yeux ébahis des garçons, surpris de me voir capable de cette prouesse au bout de 8 jours seulement de convalescence.

Arrivés en bas, Élouan me propose son aide pour sortir de l'ascenseur. Malgré tout, la fatigue se fait très vite ressentir et se lit sur mon visage, bien que je ne la partage pas verbalement. C'est ça la relation fusionnelle qui nous unit tous les trois : parfois, nous n'avons pas besoin de mots pour nous comprendre. Il est vrai que l'aubaine de leur visite, l'excitation intérieure que je ressens, alliées à un débit de parole assez soutenu, me fatiguent plus que de raison. Mais, je profite de chaque instant qui m'est offert de vivre ces moments privilégiés à leurs côtés.

Anthony nous propose de rester sur un banc, à l'abri du soleil et de la chaleur. Il nous demande ensuite ce que nous voulons pour déjeuner et se dirige vers la cafétéria pour aller chercher nos menus. Nous mangeons sommairement tous les trois, assis sur ce banc, sachant pertinemment que la fin de leur visite ne va pas tarder à arriver. Mais nous n'en faisons pas cas, l'instant présent est ce qui compte le plus et nous en profitons pleinement.

Vers 14 h 30, je deviens très pâle : la fatigue me gagne. Aussi, les garçons me raccompagnent dans ma chambre. Cette fois-ci, je n'oppose aucune résistance et accepte volontiers qu'Élouan me pousse dans la chaise roulante, qui me servait de déambulateur à l'aller.

Malheureusement, le temps de se dire au revoir arrive trop vite. Tout le monde essaye de rester digne, afin que personne ne pleure et ne crée une émotion plus vive chez les autres. Nous tâchons de nous temporiser en nous disant que nous allons très vite nous retrouver, puisque l'objectif, nous en sommes persuadés, est que d'ici trois semaines, je pourrai rejoindre le centre de Kerpape, plus près des miens.

Anthony m'embrasse tendrement et se dirige le premier vers la porte, laissant à Élouan l'intimité d'une étreinte plus câline avec sa maman. Il y a beaucoup d'amour et beaucoup de tendresse dans nos au revoir. Nous nous adressons un dernier regard avec Anthony et les garçons quittent la chambre. Élouan jette un œil par le hublot, sans même avoir ôté son kit visiteur, puis il fond en larmes et revient dans la chambre. Il se précipite alors vers moi pour m'enlacer et ne me lâche plus. Anthony rentre le chercher, les yeux embués de larmes. Après cette magnifique journée passée ensemble, il faut bien se résoudre à se quitter. Le devoir les appelle : il leur faut rentrer en Bretagne pour reprendre le cours de leur vie, à savoir l'un à la boulangerie, l'autre au collège.

Après cette dernière embrassade et leur départ, je me plonge assez rapidement dans un sommeil profond, épuisée par ces ascenseurs émotionnels qu'ont été la joie de les retrouver et l'infinie tristesse de les laisser repartir.

À mon réveil, j'ai reçu un message d'Élouan, qui me dit avoir trouvé la chanson parfaite pour notre histoire : c'est *Roule*, de Soprano. Il m'a envoyé le lien pour que je puisse écouter la mélodie et les paroles. Je suis très émue : ces paroles sont d'une justesse avec ce qui nous arrive, c'est fou ! Mais je suis aussi extrêmement fière de mon jeune garçon qui, à son âge et avec ce qu'il traverse, trouve des chansons d'artistes de son époque, qui ont un sens pour lui.

Anthony, quant à lui, a profité du voyage retour pour rédiger des lettres à l'attention de la famille du donneur, ainsi qu'à l'ensemble de l'équipe médicale de *Cardiologie*. Sa visite à la Pitié-Salpêtrière l'a énormément inspiré.

Plus tard, son premier courrier sera envoyé à la famille sans aucune modification, puisqu'il ne mentionne aucun élément pouvant aider à nous identifier. La lettre pour l'équipe médicale sera, de son côté, affichée dans le service, par la cadre de santé. Bien évidemment, nous n'avons eu aucun retour de la famille du donneur. C'est la loi et nous la respectons. D'ailleurs, je reste persuadée qu'elle est bien faite. Pour ma part, je n'ai pas ressenti le besoin de communiquer avec la famille. Non pas que je ne sois pas reconnaissante, bien au contraire, mais j'ai la conviction profonde que mon rôle est de prendre soin de cet organe pour qu'il continue de vivre en moi. Ce sont, je crois, les meilleurs remerciements que je puisse adresser au défunt lui-même.

Les jours passent tranquillement, mais sûrement, et se ressemblent tous. Je prends davantage d'assurance et je m'aventure de plus en plus loin, bien évidemment tout en restant au sein de l'hôpital. J'aime me rendre dans le *Parc de la Hauteur*, à 600 mètres environ du bâtiment de *Cardiologie*. C'est un coin de verdure indispensable à mon bien-être psychique. Je recherche tout particulièrement cette communion avec la nature.

XIV
Bien entourée

En ce samedi 17 juin, trois jours après la visite des garçons, c'est ma mère qui vient me voir. Nos retrouvailles sont intenses. Elle est accompagnée de Jean-Marie, que je suis aussi ravie de retrouver. Nous avons eu plusieurs fois l'occasion de nous avoir au téléphone, mais rien ne vaut le bonheur de les avoir près de moi.

Maman m'a apporté, comme promis, les valises qui me manquaient, et nous faisons un point ensemble sur mes besoins d'ordre primaire. Depuis la greffe, je n'ai pas pu remettre de soutien-gorge : le sternum reste fragile et c'est trop inconfortable. De plus, le poids de mes seins exerce une pression sur l'incision, ce qui est également gênant. Aussi, Maman me propose de me trouver des brassières de sport, la prochaine fois qu'elle ira en courses. L'échange avec ma mère est simple, nous sommes complices de manière indéfectible et aucun tabou ne freine nos discussions.

Tous les trois, nous passons l'après-midi ensemble. J'arrive même à faire quelques pas avec eux jusqu'au parc, sous les yeux ébahis de Maman. Elle ne s'imaginait certainement pas me voir ainsi, aussi vite après l'intervention.

L'heure du départ est arrivée et l'on se dit à très vite. Maman m'embrasse tendrement, ainsi que Jean-Marie. Les yeux pleins d'amour, je les regarde partir. Je ne suis pas triste de nous quitter, car je sais que nous nous reverrons très bientôt. Après cette journée, comme avec les garçons, une grande fatigue se fait ressentir, contre laquelle j'ai appris à ne pas lutter. J'ai été tellement heureuse de les retrouver. C'est bien qu'ils soient à proximité de mon lieu d'hospitalisation, sinon ce séjour m'aurait paru plus difficile à surmonter.

Je passe une quinzaine de jours dans cette chambre. Les soins quotidiens sont bienveillants. Je suis en contact avec Anthony et Élouan au minimum une fois par jour et, à chaque occasion, l'amour de ma vie me dit que tout va bien pour l'entreprise ainsi qu'à la maison.

Durant cette période, je reçois avec plaisir plusieurs personnes, dont certains pour lesquels je ne m'y attendais pas du tout. Ainsi, quelques jours avant sa visite, Marie, une cliente devenue une copine appréciée de la famille, me contacte par téléphone.

— Coucou Gaëlle ! C'était pour savoir si je pouvais venir te voir prochainement, sans te déranger.

— Oh ! Mais bien sûr, Marie. C'est adorable ! Tu imagines bien que, loin des garçons, ce n'est pas évident pour moi… Et, au contraire, ta visite est la bienvenue.

Elle arrive quelques jours plus tard, un après-midi. Nous discutons de ses enfants Louis, Juliette et Baptiste, ainsi que de Jérôme, son mari. Élouan a déjà passé des vacances chez ses beaux-parents, Pierrette et Alain, à Locmariaquer. Ce sont eux que nous avons d'abord rencontrés. Ce sont des clients qui sont devenus très vite des amis.

— Tiens ! me dit-elle, je ne suis pas venue les mains vides. Je t'ai apporté une crème bio pour les mains. Ça te permettra de prendre soin de ta peau.

— Merci beaucoup, Marie, c'est adorable ! Et, super pour la qualité ! C'est vrai que maintenant, encore plus qu'avant, je suis très vigilante sur les produits que j'achète.

Notre entrevue dure plus d'une heure. J'apprécie tellement ce moment où je me projette avec elle, à Locmariaquer.

— Je t'embrasse de loin, mais on continue à se donner des nouvelles, hein ! Élouan est le bienvenu dès qu'il voudra, à la maison. Et nous, on se retrouve bientôt à Loc'.

Oui, Marie, on se verra là-bas avec grand plaisir, me suis-je mise à penser, lorsqu'elle s'en va.

Quelques membres de notre famille, auxquels je suis particulièrement attachée, viendront également me voir…

En début de semaine, j'ai eu un appel de Sébastien et Christine. Ils prévoient de déjeuner avec Arnaud, qui vient ici très souvent, puis ils arriveront ensuite à la Pitié-Salpêtrière.

Lorsque je les entends dans le couloir, accompagnés de leurs deux enfants, c'est un pur bonheur. Malgré mes sorties quotidiennes dans le parc, les journées restent relativement longues, aussi, les visites de mes proches me font beaucoup de bien. Comme Anthony et Élouan, ils respectent le protocole d'habillage, avant d'entrer dans ma chambre. Ils sont un peu intimidés par cette situation, où l'on ne peut pas se faire la bise et où il y a une certaine gêne de ne pas connaître cette pathologie, avec un acte chirurgical si particulier. Mais, très vite, nos échanges reprennent comme si l'on s'était quitté la veille. Nous décidons de sortir afin de profiter de cette météo exceptionnelle. J'attrape ma chaise roulante, pour marcher en toute autonomie. Ils sont surpris par cette rapidité de guérison. Seulement, je me garde bien de tout dire, notamment que je viens de passer plusieurs nuits exécrables, à cause de douleurs dorsales. Ça me prend surtout au niveau des omoplates, car, lors de l'opération, le déplacement de mes côtes a été nécessaire pour atteindre le cœur.

En allant vers le parc, Christine me dit qu'elle a fait un stage très intéressant, sur les massages et leur pratique. Cette information ne m'échappe pas… moi qui rêve d'un soin bien-être et qui en imagine les bienfaits sur mon organisme malmené. Malgré tout, je n'ose pas lui demander d'essayer sur moi, pour éliminer ces douleurs qui me tiraillent depuis quelque temps. Peut-être est-ce parce que, au-delà de la déranger, je crains surtout que ce ne soit pas si efficace que ça et d'être déçue… Pourtant, je n'attendrai pas bien longtemps avant de profiter des talents de Christine. Alors que nous repartons du parc vers le bâtiment de *Cardiologie*, la fatigue se fait très vite intense. Il faut dire que ce bâtiment se trouve à l'opposé du parc, un espace si grand qu'il englobe deux arrondissements de Paris. Mes proches connaissent mon mutisme au sujet de mes faiblesses. Aussi, arrivés en bas de l'immeuble, j'apprécie une petite pause bien méritée. J'ai l'impression d'avoir couru un marathon pour personnes handicapées, le tout sans entraînement ! Les bancs, à l'abri du soleil, nous permettent de nous asseoir un peu avant de remonter. Christine se place alors derrière moi, pose délicatement ses mains sur mes épaules, et me propose un massage.

— Oh oui ! Avec plaisir.

— Surtout, si je te fais mal, ou si je suis maladroite, tu me le dis tout de suite, hein !

— D'accord ! Merci beaucoup, Christine ! Tu ne peux pas savoir à quel point je suis contente que tu me le proposes. Je suis sous Tramadol depuis plusieurs jours, pour tenter de calmer cette douleur insidieuse, que je ressens surtout la nuit et au petit matin.

Nous nous taisons et Christine débute son massage tout en douceur. Je ferme les yeux pour mieux profiter de l'instant : c'est tellement agréable et ça me fait beaucoup de bien. Après que la séance est terminée, je reste là, sans bouger… Je n'ai plus mal.

J'entends Kaelig et Bleuenn se chamailler. Kaelig a attrapé la veste en jean de sa sœur et l'a perchée sur une branche de l'arbre, près de notre banc. Cela fait bien rire toute la petite famille. Sébastien, en papa très attentionné, remet de l'ordre dans ces querelles d'adolescents, avec bienveillance. Cela me ramène à la vie, la vraie, celle où je dois tout faire pour les rejoindre.

Au-delà du bénéfice de ce massage très bien réalisé, je ressens au fond de moi l'appel de cette perception de mon corps, plein de cicatrices. Le bien que m'a procuré Christine et ce moment de détente et de connexion me mettent en extase… Je suis aux anges. Nous nous quittons peu de temps après. Toutefois, ils ne veulent pas me laisser remonter toute seule et me raccompagnent devant la porte de ma chambre.

Dans ces quinze premiers jours, et surtout après la première semaine, j'ai eu d'autres visites. Elles me rappellent combien l'espace-temps pendant lequel on ne côtoie plus les personnes n'est rien comparé au sens du mot « famille ». Dans ce cas, loin des yeux n'est pas applicable à loin du cœur. La vraie famille se reconnaît par l'amour de ses membres, qui sont toujours là pour vous, sans vous juger, et qui savent vous soutenir quand vous en avez besoin.

Mes journées sont rythmées par les passages de l'équipe médicale, avec prise de tension, de température et l'électrocardiogramme branché en permanence par des électrodes sur mon torse, lorsque je suis dans ma chambre. Pendant ce temps-là, je communique beaucoup par texto avec les personnes de mon répertoire. J'imagine mal qu'au-delà de ces murs d'hôpitaux, on parle de moi et de mon état de santé. Les oncles, tantes et cousines, dont j'étais très proche enfant et qui sont également venus à notre mariage, sont au courant pour ma greffe. Mais, depuis quelque temps, j'ai perdu leur trace sans pour autant les oublier. C'est généralement ce qui se passe quand les chemins de vie s'éloignent. Alors que ma famille maternelle et mes attaches sont entre Paris et Chartres, mon lieu de naissance, ma propre route m'a amenée en Bretagne, par mon père, qui est de Saint-Lunaire en Ille-et-Vilaine. C'est d'ailleurs comme ça que j'ai rencontré Anthony. Dans un train de Paris-Montparnasse à Rennes, nous avons eu un coup de foudre immédiat. Malgré ou grâce à la maladie, nos liens sont depuis devenus indestructibles.

C'est ainsi que je reprends contact avec Catherine, la fille de la cousine de ma mère, que je considère comme une cousine proche, et ses parents, Nicole et Robert, qui sont comme ma tante et mon oncle directs. Catherine est mariée à l'adorable et discret Bruno et ils ont deux enfants : Marion et Arnaud, plus âgés qu'Élouan.

Nous ne nous sommes pas revus depuis bien longtemps, pourtant ils habitent non loin de Paris. Maman ayant donné des nouvelles à ses parents, un jour, Catherine m'envoie un message : « Coucou, Gaëlle, ça te dirait que je vienne te rendre visite ? »

Je lui réponds aussitôt : « Coucou Catherine. Bien sûr que je serai très heureuse de te revoir ! »

Je trouve cela d'autant plus surprenant que je sais que Catherine, comme sa maman Nicole, ne supporte pas la vue du sang ni les hôpitaux d'ailleurs…

Notre rendez-vous est fixé et c'est ainsi que je vois arriver Catherine et Marion, un après-midi. Je reconnais bien la jeune femme : c'est le portrait craché de sa maman. Ce que j'apprécie particulièrement dans mon cercle familial, c'est que les personnes qui viennent me rendre visite me donnent une heure approximative de leur passage, comme c'est le cas avec Catherine. Je trouve qu'il n'y a rien de plus anxiogène que d'attendre quelqu'un qu'on connaît, qu'on autorise à nous voir « nue » de tout maquillage, coiffure et autres artifices.

Nos retrouvailles sont simples, sans embrassades, car interdites, mais sans gêne. Nous avons l'impression que, sans intervention du hasard, nous avons choisi ce moment pour nous revoir. Nous discutons de tout et de rien, sans quitter la chambre ce jour-là.

Catherine est une femme dont les années n'ont pas marqué son apparence menue, de nature athlétique. Avec Bruno, ils sont passionnés de plongée et ils en font dès qu'ils peuvent, lors de leurs loisirs. J'aime échanger avec elle sur cet univers, qui inspire au voyage et au dépaysement.

Avec Anthony, nous avons souvent choisi des séjours en Guadeloupe pour nos vacances, notamment pendant les jeunes années d'Élouan dès ses 7 ans. Nous partions pour trois semaines, en emportant dans nos bagages ses cours de primaire, que nous lui faisions suivre à distance pour garder le cap de sa scolarité. De plus, c'est un climat qui m'a toujours permis d'oublier la maladie. Je me sens parfaitement à l'aise là-bas, sans contrainte malgré la chaleur. Cette parenthèse me permettait de retrouver une vie ordinaire avec Anthony et Élouan, comme si de rien n'était ou presque ! D'ailleurs, Anthony s'arrangeait pour optimiser nos sorties, en fonction de mon état de santé, pour que je ne culpabilise pas. Aussi, je suis très heureuse de partager ces tranches de vie avec Catherine, au-delà de ces murs et en oubliant l'éloignement d'Anthony et Élouan, qui me pèse au quotidien.

Leur première visite dure 1 h 30 environ. Je les remercie infiniment d'être passées me voir, mais le temps est limité, car tout le monde a ses activités. Ce moment avec elles m'a enchantée. J'ai pu suivre leur évolution, comme si l'on ne s'était jamais quittée. Catherine me promet de revenir régulièrement et de continuer à prendre de mes nouvelles.

Un peu plus tard, c'est Nicole et Robert qui me feront le plaisir de leur venue. Cette fois-ci, c'est moi qui les ai rejoints dehors, car Nicole n'est absolument pas à l'aise avec les hôpitaux. De plus, la météo estivale est exceptionnelle, nous décidons donc de passer l'après-midi au parc. Ils ne sont plus tous jeunes et leur visite résonne comme un écho très positif. Je leur suis reconnaissante d'avoir pris le métro, puis le bus et d'avoir marché jusqu'ici sous cette chaleur, malgré leur grand âge.

Nicole est comme une deuxième mère. Lorsque j'étais petite, elle prenait souvent soin de moi pendant les vacances, alors que ma mère était au travail dans le cabinet médical de mon père, kinésithérapeute à domicile. Nous reparlons de ce temps passé, avec nostalgie et bonheur. Quel plaisir de nous retrouver !

XV
Vouloir aller plus vite que la musique

Le mardi 20 juin, deux semaines après ma greffe, les infirmières m'informent de mon déménagement dans une chambre, à un autre étage. Je serai sous la surveillance médicale d'un confrère du Professeur Montalescot, qui dirige ce service de chirurgie cardiaque. Je suis contente de quitter cette chambre, car cela signifie que mon état s'améliore, ce qui est plutôt bon signe.

J'arrive donc, accompagnée des infirmières, qui ont porté mes nombreux effets personnels, dans cette nouvelle chambre beaucoup plus spacieuse. Celle-ci offre une vue imprenable sur le boulevard Vincent Auriol, ainsi que sur la sortie du métro Chevaleret. Le seul bémol, avec cette chaleur extérieure écrasante, est que la chambre n'a pas de climatisation.

Peu de temps après mon arrivée, je rencontre le médecin-chef de ce service, qui semble avoir déjà entendu parler de moi et de mon tempérament déterminé. Ils sont, lui et son équipe, très attentionnés et particulièrement à l'écoute des besoins de leurs patients. Il me demande :

— Avez-vous une requête ou une envie à nous soumettre, pour améliorer votre bien-être ?

— Alors oui ! J'aimerais connaître la date de mon départ de votre service. Je dois être transférée au centre de rééducation de Kerpape, près de chez moi en Bretagne, et je souhaiterais savoir quand.

— Ah mais, Madame Pontgelard ! Il n'est pas prévu par le protocole que vous quittiez la région parisienne avant quatre mois. Vos soins doivent rester sous la responsabilité des équipes de notre hôpital de jour. Nous vous connaissons bien et nous devons suivre attentivement votre convalescence.

— Attendez, je ne comprends pas… vous voulez dire que je ne peux pas rentrer chez moi ? Quel protocole faut-il appliquer pour ça ? Expliquez-moi !

Mon monde s'écroule, je ne suis pas prête à recevoir la moindre contrariété qui me sortirait de ma zone de confort moral. Mais je me résigne, pour tenter de comprendre les raisons qui me retiennent encore ici, alors même que je me sens reprendre des forces de jour en jour.

— Après ce type d'intervention, il y a toujours un protocole officiel de soins à suivre strictement… Vous devez faire contrôler votre greffon très régulièrement, par biopsie, afin de vérifier qu'il n'y a pas de rejet.

Mais ça veut dire quoi exactement contrôle par biopsie ? Et rejet ? Mon cerveau s'embrouille… Je ne suis pas ouverte à la discussion et ce pauvre médecin en fait les frais malgré lui. Et Anthony ? Comment vais-je lui annoncer que je ne rentre pas ?

— Vous allez être transférée dans une clinique de rééducation cardiaque à Paris. On viendra vous chercher régulièrement pour faire des examens de contrôle à l'hôpital de jour de la Pitié-Salpêtrière.

Afin que j'assimile mieux le déroulement des soins, il me laisse un fascicule avec les indications sur les démarches médicales qui vont suivre. Notre discussion a pris une tournure gênante, pour lui comme pour moi, avec des non-dits et un manque d'informations. Il prend ensuite congé.

Je m'aperçois que, sans le Professeur Montalescot pour approuver mon suivi médical, je suis perdue. J'en fais part à Anthony, qui me conseille de le contacter pour comprendre ce qui se passe et pour qu'il puisse m'éclairer. Quand j'en parle aux infirmières du service, elles m'annoncent qu'il est à l'étranger pour un meeting médical. Soit !

Mais les e-mails se lisent à travers le monde, donc je persiste dans mon souhait d'obtenir des réponses.

Et je fais bien, car il me répond très rapidement. Effectivement, il faut que je sois raisonnable et que je reste à Paris encore quelque temps. Toutefois, son avis n'est pas aussi tranché sur la durée, mais il y a tout de même un petit effort à fournir pour sortir indemne de cette convalescence et mieux retrouver les miens. Il me parle également de la clinique Bizet, dans le 16e arrondissement, où je suis susceptible d'aller. Toutes n'ont pas forcément de places vacantes en période estivale et celle-ci en a assurément. Un de ses amis dirige cet établissement et il me recommandera au moment voulu, pour faciliter mon transfert.

Je suis triste et désappointée bien évidemment, mais sa réponse me rappelle tout le parcours effectué jusqu'alors et cette forte envie de vivre, ne serait-ce que pour les garçons… Je le remercie pour son soutien, mais surtout pour son message rapide et plein de bienveillance, alors qu'il est dans une autre partie du monde, loin de Paris.

Au cours des quinze jours dans ce nouveau service, les règles sont plus drastiques et j'ai beaucoup de mal à comprendre pourquoi. J'apprends que le greffon est fragile et que je dois impérativement être prudente : à la moindre chute, au moindre avertissement, je dois informer l'équipe médicale qui me suit.

Les obligations médicinales, la télévision, la lecture… tout cela commence à m'ennuyer. Ça ne va pas assez vite à mon goût. Le lendemain, alors que j'en discute avec un jeune infirmier, il m'explique que je dois d'abord récupérer mon sens cognitif.

— Mon sens cognitif ? Mais comment ça ?

— Depuis votre intervention, avez-vous essayé d'écrire, ne serait-ce qu'un chiffre ou une lettre ?

— Oui, bien sûr ! Des messages sur mon téléphone portable.

— Non, là je vous parle de prendre un crayon, un papier et de retrouver la sensation de l'écriture manuscrite.

Qu'à cela ne tienne, je ne sais pas pour qui il me prend cet infirmier, qui a l'air très sympathique au demeurant, mais j'attrape un stylo, une feuille et je me positionne pour écrire. En plus, j'adore ça ! Je fais partie de ces personnes qui envoient encore des lettres à leur entourage plutôt que des e-mails, surtout lors d'occasions particulières.

— Est-ce que vous pouvez écrire le chiffre 1, pour commencer ?

Et là, c'est la panique ! Je tiens bien mon stylo, mais mon cerveau est confus. La connexion entre celui-ci et ma main semble chaotique. Le mouvement, pourtant si habituel et que je pratique quasiment au quotidien à la boulangerie, est très difficile à reproduire. Je comprends alors toute l'importance du mot « cognitif ». J'arrive, avec beaucoup de difficultés, à écrire quelques signes qu'on devine être des chiffres et des lettres, mais ça me demande beaucoup d'énergie et de concentration. L'infirmier me conseille de me ménager : ce sont les effets secondaires de l'interruption de l'organisme, lors de la transplantation. Effectivement, mettre un corps à l'arrêt pendant un transfert de cœur laisse aisément imaginer que ce ne soit pas sans conséquences sur le reste. Il me recommande, si j'aime ça, de revenir aux bases en faisant des coloriages. C'est un très bon exercice pour recouvrer ce sens, de façon détournée… Super ! Ça me va bien : c'était l'un de mes passe-temps favoris, lorsque nous étions en vacances dans la maison familiale de Saint-Lunaire, avec ma cousine Nathalie.

J'appelle aussitôt Arnaud, sans me préoccuper de l'heure ou du jour qu'il est, pour lui demander s'il peut m'apporter des coloriages et des crayons de couleur, quand il pourra.

— Oui, pas de soucis ! Mais que veux-tu comme coloriages ? Plutôt des mosaïques ? Des coloriages numérotés ? Des dessins en noir et blanc avec modèle ? Dis-moi !

L'espace d'un instant, je me replonge dans mes souvenirs… Je revois Nathalie arrivant avec deux énormes catalogues de dessins en noir et blanc. À l'époque, cela m'avait déstabilisée : je préférais avoir un exemple de couleurs à utiliser. Elle m'avait alors expliqué que c'était bien mieux d'être libres de créer notre propre univers. C'est certainement grâce à cela que j'ai, par la suite, aimé l'alchimie des couleurs, des camaïeux et de l'infinité de possibilités. Je m'en suis d'ailleurs servi dans le prêt-à-porter, mon métier avant la boulangerie.

— Peux-tu me prendre un cahier avec des dessins colorés et un autre en noir et blanc ?

— Tu as une préférence de dessins ou d'univers ? Et pour les crayons, tu préfères des crayons de couleur ou des feutres ?

— Ah oui ! Bonne question… Écoute, prends des crayons de couleur, je trouve ça plus authentique. Et puis une gomme aussi : comme ça, si je déborde, je pourrai rectifier. Pour les dessins, prends plutôt des Disney. Merci beaucoup Arnaud !

Nathalie et moi adorions les dessins animés de Disney. Nous les avons tous vus, dont au moins cinq fois *Rox et Rouky*.

Arnaud arrive vers 16 h, avec un sac contenant tout ce que je lui avais commandé. Il est adorable, car je l'ai mis à contribution sans me poser de questions et il n'a même pas rechigné. Il m'apporte notamment un coloriage de Pocahontas et d'autres cahiers… je n'ai que l'embarras du choix.

— Oh ! Merci beaucoup Arnaud. Combien je te dois ?

— Rien, rien ! Ne t'inquiète pas, ça me fait plaisir. Et puis ça compensera ce qu'Anthony m'a laissé pour l'hébergement, lorsqu'ils sont venus te voir la dernière fois. Je ne l'ai pas vu tout de suite… comme si j'en avais besoin !

— Ah ça ! Je ne suis pas étonnée, c'est du Anthony tout craché : ne jamais être redevable, mais il est surtout extrêmement respectueux des services rendus. Bon, je n'insiste pas, mais merci beaucoup, Arnaud !

Arnaud ne reste pas longtemps : c'est une journée de repos pour lui et de multiples tâches l'attendent. De mon côté, j'ai hâte de me mettre au travail et de restaurer les connexions entre mon cerveau et mon corps.

Je travaille tous les jours sur ce projet, qui me fait beaucoup de bien à la tête comme au corps, et c'est payant. Je rencontre encore quelques difficultés à l'écrit, mais les coloriages, malgré quelques débordements, sont plutôt réussis, ce qui me motive pour la suite.

XVI
Les visites surprises

À cet étage, je dois user de stratagèmes et négocier pour pouvoir sortir de cette chambre. Mais, qu'à cela ne tienne, je ne manque pas de ressources. Non pas que je veuille défier l'autorité médicale ou que je m'oppose aux soins. En réalité, c'est uniquement pour répondre à un besoin impérieux, comme un ressenti animal, celui d'être dans la nature et dans la vie ! Heureusement, les sollicitations sont fréquentes, avec des visites régulières, tout au moins les week-ends, qui m'offrent des occasions de pouvoir sortir accompagnée.

Josiane, ma marraine et la meilleure amie de ma mère, viendra ainsi me rendre visite. Cela fait longtemps que nous ne nous sommes pas vues, malgré plusieurs années d'échanges téléphoniques et de messages. Ce sont, là aussi, des retrouvailles simples et faciles. Elle est rayonnante, elle ne change pas à mes yeux plein d'affection.

Nous sommes autorisées à sortir ensemble du service et à aller flâner jusqu'au *Parc de la Hauteur*. Nous parlons beaucoup. C'est une personne très cultivée. Elle m'a vu grandir, elle m'a suivie pendant ma petite enfance et mon adolescence et elle a assisté à mon mariage. Nous parlons aussi de sa fille unique, Magali, que j'ai toujours considérée comme ma cousine… « Le cœur a ses raisons que la raison ignore. »

Marraine a eu une vie faite de hauts et de bas, ce qui lui donne une certaine sagesse. Je bois ses paroles réconfortantes, elles apaisent mes maux. Lorsque je lui dis que je trouve cette épreuve difficile, elle sait dénicher en moi le point positif pour me faire aller de l'avant et continuer à me battre. Elle connaît bien Anthony et elle l'aime beaucoup pour tout le bonheur qu'il m'apporte.

Elle est avec moi depuis 14 h, mais nous devons nous quitter vers 17 h. Elle m'assure toutefois que ce ne sera pas sa seule visite. Nous prévoyons d'ailleurs une petite surprise pour Maman, qui doit venir me voir ce dimanche 25 juin : Josiane sera là également !

Les jours passent… Tous les matins, je regarde par la fenêtre la vie s'exprimer à la sortie du métro et dans la rue. La tenue des passants est estivale. Je culpabilise souvent de ne pas pouvoir être auprès d'Anthony. Il est pris dans le tumulte d'une clientèle toujours plus exigeante et intransigeante. Je me demande parfois si les clients savaient : qu'est-ce que ça changerait ?

Et puis est arrivé un événement qui vient bousculer mon quotidien. De temps à autre, des gens nous offrent, sans y penser, le plus précieux des présents ! Nous sommes en fin de matinée, en ce vendredi 23 juin, et une infirmière me prévient qu'une personne me demande. Celle-ci ne souhaite pas entrer dans le service par crainte de transmettre un virus aux malades. Aussi, elle m'attend sur un banc à l'extérieur, en face de l'entrée. Je me demande qui c'est. J'interroge l'infirmière :

— Est-ce que cette personne a donné son nom ? Ou même le mien ? Elle vient bien pour moi, au moins ?

— Oui, oui ! C'est bien pour vous. C'est une dame d'âge mûr, d'allure distinguée et très sûre d'elle.

Cela ne me renseigne pas plus…

— Mais elle vous a dit autre chose ? D'où elle venait ? Comment je la reconnaîtrais ?

Je me pose mille questions, alors que je ne risque pas grand-chose dans cet espace protégé qu'est l'hôpital. Mon interlocutrice me connaît sûrement, sinon elle n'aurait pas demandé à me voir… enfin, j'imagine. L'infirmière n'a pas d'autres informations à me donner, aussi je lui dis que je vais descendre la rencontrer. Elle me rappelle le protocole de visite, qui s'applique aussi à l'extérieur, à savoir : masque obligatoire, ne pas se toucher et maintenir une distance suffisante avec les visiteurs. J'acquiesce et je me mets en chemin.

Je prends l'ascenseur et je descends dans le hall d'entrée en toute autonomie. Cela fait déjà quelque temps que je n'ai plus besoin de ma chaise à roulettes. Comme indiqué par l'infirmière, je prends la sortie et je la vois sur le banc en face. Quelle surprise ! C'est Marie-Hélène, une voisine du quartier. Elle habite une magnifique maison aux volets bleus, juste en bas de notre rue. Nous nous connaissons bien. Son mari Jean-Louis m'a souvent conseillée dans mon parcours médical. Elle a trois petits-fils, dont Milo qui a souvent joué avec Élouan. Les deux garçons, quand ils étaient petits, préparaient des spectacles que Marie-Hélène m'invitait à venir voir chez eux. Ils possèdent également une maison dans la région parisienne, mais à cette époque de l'année ils n'y résident pas. Aussi, je m'inquiète un peu : serait-elle venue m'annoncer une mauvaise nouvelle ?

Elle ne m'a pas encore vue, je suis juste à l'entrée. Je m'avance tranquillement et elle m'aperçoit enfin. Elle se lève alors pour m'accueillir, avec un grand et très joli sourire.

— Bonjour Marie-Hélène ! Mais quelle surprise ! Si je m'attendais…

— Bonjour Gaëlle ! Que je suis contente de vous voir ! Ça va ? Ce n'est pas trop dur ? Vous ne souffrez pas trop ?

— Ça va bien, merci !

— Je vous ai ramené quelque chose qui devrait vous plaire.

Elle sort alors de son sac à main une enveloppe et me la tend. Je l'ouvre et j'y trouve des messages de nos voisins et clients de Locmariaquer. À la fin du paquet, il y a même un dessin et un petit mot d'Élouan. Les larmes montent aussitôt. Je prends le temps de cette vive émotion. Je suis tellement touchée par tant de gentillesse que les mots me manquent. Elle le voit, bien sûr, et me laisse le temps de récupérer un peu. J'imagine alors ce collectif, activé à m'écrire chacun un mot, pour m'exprimer leurs encouragements.

— Merci infiniment Marie-Hélène ! Vous imaginez bien à quel point je suis touchée. C'est vraiment adorable. Vous remercierez chaleureusement tout le monde pour moi. Mais vous n'êtes quand même pas venue exprès à Paris, pour me remettre ces lettres.

— Non ! En réalité, Jean-Louis et moi, nous sommes remontés sur la région parisienne. Je voulais en profiter pour passer vous voir. Vous savez, quand je vois la file des estivants passer tous les jours devant chez moi, je ne peux pas m'empêcher de penser à ce pauvre Anthony qui doit trimer comme un forçat, pour satisfaire tout le monde. C'est à peine si les lumières du laboratoire s'éteignent… Du coup, j'ai pris l'initiative de l'appeler, un après-midi, pour lui demander s'il était d'accord pour que je prenne Élouan à la maison, pour vous faire un dessin. Je me suis dit que vous seriez heureuse de l'avoir en main propre. J'ai pensé y ajouter une carte du voisinage et il m'a dit que vous seriez très touchée.

Je suis un peu secouée par ces nouvelles. Je sais que l'été, Anthony ne dort que quatre heures par jour, mais cette année, j'imagine très bien ses difficultés à gérer seul notre affaire. Je remercie Marie-Hélène, avec beaucoup de chaleur dans ma gestuelle et dans ma voix, pour son initiative que je n'oublierai jamais. Nous nous quittons alors, sur cette belle note !

J'ai à peine le temps de me remettre de mes émotions de vendredi, avec la visite de Marie-Hélène, que dimanche arrive. Il est 14 h 30 quand Maman entre la première, suivie de Papi Jean-Marie. Elle ne s'imagine pas ce qui l'attend… Comme à son habitude, et en tant que maman aimante et attentionnée, elle me liste les affaires qu'elle m'a achetées. Elle prend également soin de noter ce dont je pourrais encore avoir besoin. Tout est parfait ! Elle a le don de connaître par cœur ses trois enfants et de ne pas se tromper sur nos tailles et nos goûts.

Je trépigne d'impatience en attendant Josiane et je ne suis pas complètement concentrée, mais heureusement, elle ne le remarque pas, investie par sa mission de déléguée à mes besoins vestimentaires. La porte s'ouvre et, machinalement, elle se retourne, les mains sur les roues de son fauteuil, prête à sortir de la chambre si c'est une infirmière qui vient me prodiguer des soins. Marraine entre alors, avec un grand sourire sur son visage bronzé et les yeux emplis de soleil.

— Mais ce n'est pas possible ! Josiane ! Oh ! que je suis contente de te voir… Gaëlle m'a dit que tu étais venue lui rendre visite et que tu reviendrais, mais je n'aurais jamais imaginé te voir avec nos emplois du temps de ministre.

Marraine s'approche pour me saluer, en me prenant la main. Elle s'est préalablement désinfectée au gel hydroalcoolique.

— Ma filleule d'abord ! dit-elle en s'adressant rieuse à maman.

Elle embrasse tendrement Maman et Jean-Marie, puis s'assoit sur le bord de mon lit. L'espace-temps s'est arrêté. Elles racontent à Jean-Marie quelques souvenirs amusés de leur jeunesse. Puis elles abordent nos vacances ensemble, quand Magali, ma fratrie et moi n'étions que des enfants. Jean-Marie propose alors d'immortaliser ce moment en prenant quelques photos. C'est toute une organisation ! Nous devons sortir, car Maman ne veut pas être prise en photo dans son fauteuil roulant, ce que je comprends mieux que quiconque. Elle s'assoit donc sur un des sièges de l'hôpital, avec Marraine à ses côtés, puis je suis invitée à les rejoindre tandis que Papi nous mitraille.

Mais l'heure de se dire au revoir arrive trop vite. Nous avons tout de même passé trois heures et demie ensemble. Nous nous promettons de continuer à nous voir, surtout après mon séjour ici.

Lundi 26 juin… Cela fait trois semaines que j'ai été greffée. Je commence à m'impatienter. Je me sens de mieux en mieux et je voudrais bien pouvoir poursuivre ma rééducation. Je n'ai pas revu le kiné depuis sa visite, il y a quinze jours. Il doit certainement être débordé de travail et il a dû voir que je faisais partie des patients qui récupèrent bien. J'en fais donc part au médecin, en visite ce matin.

— Ne vous inquiétez pas, tout est prévu comme convenu avec Gilles Montalescot. Les instructions sont claires et vous aurez bientôt la visite du kinésithérapeute. Croyez bien que nous faisons tout ce qu'il faut pour que vous soyez prise en charge dans les meilleures conditions.

— Merci beaucoup pour votre sollicitude. Je sais que je peux paraître impatiente, mais toute étape franchie me fait avancer d'un pas supplémentaire pour mon retour en Bretagne.

Aussitôt le médecin parti, j'appelle Anthony. Comme à mon habitude, je le dérange à chaque événement important de ma journée sans jamais regarder l'heure. S'il y a du monde de son côté, il ne me fait jamais ressentir son surcroît de travail. Pourtant, ses journées sont bien remplies. Heureusement qu'il peut compter sur le soutien indéfectible de notre boulanger Christophe. J'ai d'ailleurs régulièrement des nouvelles de sa part, ainsi que de sa femme, Nadine. Elle reste toujours très attentive au confort de notre famille et demande souvent à Anthony si lui ou Élouan ont besoin de quelque chose. Comme Christophe travaille quotidiennement avec Anthony, il est le mieux placé pour le savoir. Je n'hésite pas, lors de nos échanges, à lui réclamer quelques informations, de temps en temps, notamment sur l'état de fatigue d'Anthony et le moral d'Élouan.

Je trouve cette semaine longue. Maman revient me voir le mercredi 28. Elle apporte une brioche confectionnée par sa boulangère. J'aime particulièrement cette viennoiserie légère. Nous allons, tous les trois, la déguster sur une table de pique-nique, dans les jardins de l'hôpital. C'est un moment simple de convivialité, qui me fait beaucoup de bien. Maman en profite pour me glisser que Marraine va certainement revenir samedi et qu'elle-même sera là dimanche, pour espacer les visites et me permettre de voir du monde modérément. Nous passons un très bon après-midi. Je suis heureuse de retrouver quelques saveurs sucrées !

Cette semaine-là, alors que ce n'était pas spécialement programmé, malgré de nombreux échanges, je reçois aussi la visite de mon hématologue, la Docteur Annick Ankri. Je suis à la fois surprise et très heureuse de la voir. On parle de sa fête de départ à la retraite.

— Vous comprenez, je voudrais vraiment marquer le coup. J'ai invité tout le personnel du laboratoire et je souhaitais une couleur en particulier pour décorer la salle de réception. Vous avez des idées ?

En plus de ses consultations d'hématologie, Annick est responsable du laboratoire de l'hôpital. C'est une femme très humaine et je ne suis pas surprise par ces préparatifs.

— Je trouve le vert et le violet très en vogue en ce moment ! lui dis-je, avec mon expérience dans la mode.

— Oui, c'est vrai ! Vous avez raison. J'ai vu beaucoup de choses avec ces couleurs dans les magasins de déco.

Nous papotons encore un long moment à ce sujet. J'adore le décalage que nous avons entre le médical et l'amical.

Lors de sa visite, elle ne manque pas de me demander comment je vais et comment se passe ma convalescence.

— Évidemment, si vous avez besoin de quoi que ce soit, n'hésitez pas. Je sais que Gilles prend bien soin de vous et s'assure que vous ne manquiez de rien, mais ce serait avec grand plaisir. Bon, je dois vous laisser, mais continuez à bien prendre soin de vous et ne prenez pas de risques inutiles surtout. Je reviendrai vous voir, avant votre transfert en maison de rééducation, et nous irons boire un verre à la cafétéria avec Arthur. Il m'a dit qu'il allait bientôt venir vous voir.

Arthur est le neveu d'Annick. Nous l'avions accueilli en CDD à la boulangerie, après son retour de l'étranger. Ça me fera plaisir de le revoir. Nous nous quittons sur ces bonnes paroles, ce moment magique…

Et, effectivement, peu de temps après, je reçois un message d'Annick. Nous nous retrouvons dans quelques jours, pour boire un verre avec Arthur.

Un après-midi, j'arrive à m'échapper seule de la chambre. Je préviens les infirmières que je serai de retour vers 18 h, pour le repas.

— Mais vous allez rater vos soins[29] de 16 h !

— Oui, c'est vrai ! Mais s'il y a quoi que ce soit, je vous appelle immédiatement. J'ai mon portable sur moi et vous avez mon numéro. Promis, je ne quitte pas l'hôpital, je vais seulement dans le parc.

— Soit, mais soyez prudente et surtout pas plus tard que 18 h.

— Je vous le promets !

Me voilà donc en route, avec mon livre sur les attentats de Nice sous le bras. Pour me mettre à l'aise sur un banc à l'ombre, je retire mes tongs. Ce sont des chaussures de qualité supérieure pour garder une bonne posture. Mon livre est bouleversant, je le dévore jusqu'à ce que la journée se termine. Plongée dans ma lecture, je n'ai pas vu le temps passer. Heureusement, il n'est que 17 h 45. Je serai un peu en retard, mais au moins je me suis bien détendue. Je referme mon livre et je vais pour me rechausser, mais là, impossible de remettre mes pieds dans les tongs. Je regarde mes jambes, elles ont triplé de volume à cause de la chaleur et de l'intervention que j'ai subie. Je fais un œdème !

Je ne suis pas sereine, loin de là, mais je ne panique pas. Je balaye du regard mon environnement, cherchant la moindre personne susceptible de m'aider, sans ameuter le service dans lequel je suis pensionnaire. Ma quête de secours finit par interpeller un jeune interne, en tenue verte. Il s'approche, voyant très vite le sujet de mes préoccupations.

— Bonjour ! On dirait bien que vous êtes en difficulté, me dit-il d'un ton amusé et détaché, comme pour ne pas me créer d'angoisse supplémentaire. Expliquez-moi comment vous en êtes arrivée là…

— J'ai insisté pour quitter le service de cardiologie, l'espace d'un après-midi. J'avais besoin de me ressourcer, en lisant dans ce coin de verdure. Mais en voulant me rechausser pour remonter, j'ai constaté les dégâts.

— Effectivement, je vois bien le problème. Bon, vous voyez le bâtiment là, juste à droite de l'église de l'hôpital ? Je suis interne ici.

[29] Prises de tension et de température, qui sont faites toutes les quatre heures.

Je vais aller vous chercher des surchaussures de bloc. Attendez-moi, je n'en ai pas pour longtemps.

À son retour, il m'aide à enfiler les surchaussures, en remplacement de mes tongs.

— Voilà ! Vous pouvez rentrer tranquillement maintenant. Mais faites bien attention de ne pas glisser. Et dès votre arrivée, prévenez l'infirmière de votre mésaventure.

— Merci beaucoup d'être venu à mon secours !

Chacun reprend son chemin, mais, en me retournant à plusieurs reprises, je vois bien son regard attentif me suivre jusqu'à ce que je tourne en direction de l'entrée Boulevard Vincent Auriol, vers le bâtiment de *Cardiologie*.

J'ai largement dépassé l'heure convenue de mon retour, quand mon portable sonne : c'est l'infirmière de nuit qui m'appelle. Elle est inquiète de ne pas me voir dans ma chambre, alors que la distribution de médicaments a déjà commencé.

— Toutes mes excuses, j'arrive ! J'ai eu un petit souci, mais je vous expliquerai. Je ne suis plus très loin.

— Très bien Madame Pontgelard. À tout de suite !

Lorsque j'arrive dans le service, je passe inaperçue : le personnel est en effervescence, car c'est l'heure des repas et des médicaments. Quand l'infirmière entre dans ma chambre, je lui raconte ma mésaventure et le secours du jeune interne. Nous en sourions.

— Effectivement, ça peut arriver. Mais nous allons surveiller ça de près.

Le lendemain, j'arrive à refaire une expédition, mais, cette fois-ci, je m'équipe au cas où… et, surtout, je fais très attention à l'heure. Je suis tranquillement assise à l'ombre, plongée dans mes pensées, lorsque le téléphone sonne. C'est Sébastien F., un de nos meilleurs amis. Il a été sommelier à notre mariage. À cette époque, il tenait sa propre cave. J'adore nos échanges, car il a la particularité de me faire beaucoup rire. Je retrouve en lui ce surplus de créativité pour trouver des solutions à mes problématiques liées à l'entreprise (clientèle, fournisseurs, merchandising, etc.), lorsque celles-ci me submergent. Il m'aide à trouver des réponses et à canaliser mes idées, pour leur donner sens automatiquement. Actuellement, il est en pleine reconversion professionnelle. Au téléphone, nous en parlons depuis plus d'une heure trente. Je suis heureuse qu'il m'appelle avec ce besoin de me parler. Ça me permet de quitter ma condition de patiente malade, réduite à prendre soin de soi et à s'écouter. Anthony a, lui aussi, cette prédisposition à ne jamais m'écarter de notre maison et de notre boulangerie : je reste active malgré l'éloignement.

Je raccroche. Nous savons tous les deux que nous sommes là l'un pour l'autre. C'est l'évidence de cette amitié qui nous lie, depuis qu'Anthony me l'a présenté. Lorsque Sébastien a eu son fils Matisse, il a choisi Anthony comme parrain. Pour nous, cette confiance accordée lors de l'engagement moral d'accompagner notre filleul, conforte la force de ces attaches.

Samedi 1er juillet, Élouan débute ses vacances. L'organisation, qui avait été planifiée dès le mois de mai, lors de mon retour rapide avant le départ pour cette aventure atypique, se déroule comme prévu. Élouan va retrouver Erwan et sa famille, Corinne, Laurent et son grand frère Yan. Élouan est très heureux de passer quelques jours chez eux. Il est accueilli comme s'il habitait ici. Il pourra aussi bénéficier de la piscine et des petits plats délicatement préparés par le Chef Laurent !

Je pense très fort à lui, car il n'est plus auprès de son papa, mais il m'envoie régulièrement des messages, pour garder ce lien tellement important à notre quiétude.

Ce samedi, j'ai la visite de Marraine. Je lui annonce mon prochain départ pour la clinique Bizet, dont j'ai eu la confirmation hier, et le démarrage de ma rééducation. Je suis heureuse de passer cette étape, qui me permet d'envisager l'avenir proche. Nous parlons autour d'une boisson fraîche, sur l'un de mes bancs de prédilection, dans le parc. Elle me confie beaucoup plus de choses sur sa vie actuelle et je suis heureuse de ce moment d'intimité que nous partageons. J'apprends à mieux la connaître.

En fin de journée, elle me raccompagne jusqu'à ma chambre et nous nous disons à très vite. Nous n'avons aucune idée du moment de ces retrouvailles futures, mais peu importe le temps, l'essentiel est qu'elle a été là au moment où j'en avais le plus besoin.

Comme elle l'avait dit, Maman me rejoint avec Papi le lendemain. Nous parlons également de cette prochaine étape qui m'attend, ce déménagement, comme si rien d'autre n'était aussi important.

Après son séjour d'une semaine chez Corinne et Laurent, Élouan prendra le train, avec le service d'accompagnement d'enfants, jusqu'à Paris, où Papi Jean-Marie ira le chercher. Aussi, Maman me dit qu'ils ont prévu de l'amener à la clinique dès son arrivée. Ensuite, ils l'emmèneront déjeuner là où ça lui fera plaisir d'aller. Je sais qu'ils sont adorables tous les deux et je n'imaginais pas ça différemment, mais, pour être honnête, je ne m'étais même pas demandé s'il pouvait venir me voir. Du coup, ça me fait très plaisir !

— Tout autre chose ma fille : combien de temps je pourrai profiter de mon petit-fils, à la maison ?

— Eh bien ! Écoute Maman, Élouan arrive le samedi 8 juillet et son parrain le récupère le vendredi 14 juillet. Ce sera certainement à la clinique, comme ça, je pourrai vous revoir tous, avant qu'il ne reparte chez Christine et Sébastien, pour y passer un séjour de quelques semaines. Quoi qu'il arrive, on se tient au courant, mais globalement c'est comme ça qu'on s'est organisés.

— Très bien ! Pas de soucis, ma fille. Nous, on s'en tient à ce que tu nous demandes. Et ne t'inquiète pas, nous allons prendre grand soin d'Élouan.

Sur ce sujet, je ne peux absolument pas être inquiète : Maman est aussi une mamie poule ! L'expectative de revoir mon Loulou résonne en moi comme un écho, d'autant plus que lorsqu'il était venu avec son papa, ils devaient revenir tous les deux la semaine suivante. Mais nos collègues boulangers, sur le port de Locmariaquer, ont pris leurs congés à ce moment-là, anéantissant définitivement notre rêve de nous retrouver encore une fois. Anthony, très professionnel, ne concevait pas de laisser le bourg sans boulangerie ouverte. Ça a toujours été notre ligne de conduite.

En fin d'après-midi, avant de repartir, Papi et Mamie m'aident à regrouper mes affaires pour la clinique Bizet.

XVII
Un suivi rigoureux

Lundi, je demande des nouvelles de mon intégration dans le programme de rééducation. Personne ne peut me répondre avec certitude. Il faut appeler le service de l'hôpital pour avoir une ambulance, qui pourra effectuer les transferts aller-retour entre la Pitié-Salpêtrière et la clinique.

Je me pose des tas de questions. L'administratif étouffe tellement les services hospitaliers que rien n'est clair. En revanche, je n'incrimine pas le personnel soignant, qui est débordé et se démène pour que tout s'organise au mieux pour leurs patients. Et, comme un signe, l'infirmière m'informe que Lionel, l'aide-soignant du service de l'hôpital de jour, viendra me chercher tout à l'heure, pour ma première biopsie.

Je suis à la fois contente et un peu stressée. Le protocole post-greffe se met en place, ce qui est une bonne chose. On va pouvoir me dire si je vais vraiment aussi bien que je le ressens. Une porte de sortie s'entrouvre, au regard des résultats qui en découleront, mais c'est également un grand saut dans l'inconnu. On va me pratiquer une biopsie pour la première fois. Pourtant, malgré ma récupération exceptionnelle jusqu'alors, je n'avais pas été conviée à un tel examen alors que, normalement, celui-ci doit intervenir au bout de sept jours. Pour moi, il arrive après quatre semaines.

Bien entendu, j'appelle Anthony pour partager avec lui ce moment de transition. Je sais que je peux lui exprimer, en toute transparence, cette angoisse palpable de l'inconnu. Et, comme toujours, il trouve les mots pour me réconforter et me permettre de poursuivre l'aventure.

Lionel vient me chercher en milieu d'après-midi. Il est très drôle et a toujours la petite formule pour détendre l'atmosphère. Je me laisse facilement guider dans son univers. Il court tout le temps après le planning surbooké qui lui est imposé, mais il le fait avec beaucoup de dérision et l'on s'invite vite dans le « joyeux tourbillon Lionel ».

Je suis en fauteuil roulant, car me mouvoir seule est encore compliqué. Nous passons devant la salle d'attente des patients, qui viennent de l'extérieur pour leur journée d'examens. Lionel me dépose à la porte du bloc opératoire. Là, une infirmière, avec un tablier épais et sombre, m'accueille et me donne la démarche à suivre.

— Bonjour ! Madame Pontgelard Gaëlle ?

— Oui !

— Veuillez entrer dans ce cabinet vous mettre torse nu, s'il vous plaît. Vous avez à votre disposition une charlotte pour vos cheveux, des surchaussures et une paire de gants. Quand vous serez équipée, vous pourrez pousser cette porte de liaison, nous vous attendons de l'autre côté. N'hésitez pas à nous appeler, en cas de besoin.

— D'accord ! Merci beaucoup !

J'entre dans le sas et commence à me préparer. Malgré la simplicité de la mise en place de l'équipement de protection, mes mouvements ne sont pas fluides et je me trompe dans l'ordre des accessoires. J'ai enfilé la charlotte à mon pied ! Je finis tout de même par y arriver et je pousse doucement la porte de liaison…

— Bonjour Madame ! me lance le chirurgien, bienvenue dans mon bloc. C'est votre première biopsie du myocarde ?

— Oui, lui réponds-je timidement en hochant la tête.

— Très bien ! Emmanuelle va vous aider à vous allonger. Nous allons vous expliquer comment ça va se passer.

— Avancez jusqu'à moi, Madame Pontgelard, et assoyez-vous là, sur le bord. Vous pouvez vous allonger maintenant. Faites attention à la lampe au-dessus !

Sur la table, elle ajuste ma position en m'aidant à faire glisser mon corps de quelques centimètres vers mes pieds.

— Voilà ! Vous pouvez plier les genoux.

Tout ceci se déroule lentement, dans un calme religieux.

— Tout va bien, Madame Pontgelard ? Vous êtes bien installée ? me demande Emmanuelle d'une voix douce.

— Oui, oui !

— Est-ce que vous souhaitez le gaz ? L'intervention dure un quart d'heure environ. Ça vous permettra de partir dans un sommeil léger, mais pas aussi profond qu'avec une anesthésie générale.

— Oui ! Je préfère.

— Très bien ! Je vais vous demander de bien vouloir tenir ce masque avec votre main gauche, lorsque je le mettrai sur votre bouche.

Emmanuelle branche la bouteille de gaz, pendant que le chirurgien déplie le champ opératoire sur mon torse jusqu'à mon épaule droite. Puis le chirurgien me prévient :

— Je vais vous badigeonner de Bétadine[30]. Attention ! C'est froid.

Ses gestes sont précis et sûrs.

— Maintenant, je vais vous piquer dans l'épaule, pour l'anesthésie locale.

Pendant qu'il me pique, Emmanuelle m'ôte mon masque chirurgical pour m'appliquer le masque à gaz. Je dois inhaler en inspirant de profondes bouffées. J'avoue être à l'affût de tout ce qui se passe sur moi et en moi, mais très vite mon corps tout entier se détend. Je me projette dans un milieu qui me rassure. Je regarde l'environnement qui m'entoure, hostile et froid, et je le transforme en une plage guadeloupéenne où je me baigne avec les garçons. Je sens même le soleil qui nous réchauffe.

Le chirurgien poursuit, tout en continuant à m'expliquer.

---

[30] Ce médicament est un antiseptique local qui contient de l'iode, utilisé pour l'antisepsie de la peau avant une opération.

— Je vous fais une petite incision pour y insérer un cathéter bioptome[31], par la veine jugulaire[32]. Cette veine mène droit au cœur et je vais pouvoir prélever des petits morceaux du tissu cardiaque.

Cette manipulation sera reproduite à quatre reprises, puis ce sera fini. Malgré mon appréhension, je n'ai pas trouvé cela trop long.

Emmanuelle me demande de lâcher le masque et de le laisser tomber, sans retenue. Il est attaché et elle le nettoiera après. Le chirurgien me confirme que tout s'est bien passé.

— À chaque fois, pensez à bien vous hydrater avant la biopsie, sinon c'est un peu plus compliqué pour faire entrer le cathéter dans la veine. Nous aurons les résultats d'ici 48 heures. Une personne du service vous appellera s'il y a quoi que ce soit et vous fera part du meilleur traitement à adopter. Si l'on ne vous appelle pas, c'est que le greffon est parfaitement sain et qu'il n'y a pas de rejet. Malheureusement, on ne peut pas prévenir tout le monde quand tout va bien, car nous réalisons beaucoup de biopsies tous les jours. Mais ne vous inquiétez pas, le protocole est bien respecté. Vous êtes entre de bonnes mains.

Emmanuelle me nettoie le cou pour enlever le maximum de Bétadine et m'applique un pansement compressif.

— En cas de saignement au point d'incision ou de malaise, n'hésitez pas à le dire au personnel médical. Vous pourrez retirer le pansement dans 48 heures, sous la douche. En attendant, vous ferez une toilette de chat !

Je souris, en hochant légèrement la tête. Elle m'aide ensuite à me relever en me passant une main sous la nuque et l'autre posée sur mon abdomen. J'arrive ainsi à m'asseoir sur le bord de la table.

— Ça va, Madame Pontgelard ? Vous n'avez pas trop la tête qui tourne ?

— Je crois que je vais attendre un peu. Je sens que ça vacille.

---

[31] Petit instrument de coupe/préhension en forme de pince, utilisé en médecine pour prélever des échantillons de biopsie endomyocardique du muscle cardiaque, après une transplantation, dans la surveillance du rejet et pour diagnostiquer certaines maladies du cœur.

[32] L'incision est faite au niveau de la veine jugulaire interne droite. Cet examen permet également de mesurer la pression et le débit du sang à différents endroits du cœur, afin d'établir un diagnostic précis, sans avoir recours à l'anesthésie totale du patient.

— OK ! Restez tranquille. C'est tout à fait normal, c'est l'effet du gaz. Ça va se dissiper d'ici quelques minutes.

Je reprends peu à peu mes esprits… Je peux retourner dans le sas par lequel je suis entrée, me rhabiller et sortir dans le couloir. Je suis tout de suite interpellée par la Docteur Salima Ouldammar, qui me demande de la suivre.

— Nous allons réaliser une échographie de votre cœur, pour voir si tout va bien. Ça fait également partie du protocole de soin régulier. Désormais, chaque fois que vous viendrez dans notre service, vous passerez par l'accueil. Puis vous irez dans le cabinet des infirmières pour la prise de sang et le compte rendu infirmier, avec l'électrocardiogramme, la biopsie et la radiographie. Celle-ci sert à vérifier que la biopsie s'est parfaitement déroulée et que rien n'a été perforé par le tube. Nous nous verrons pour l'échographie et notre rendez-vous médecin, pour définir votre suivi d'ordonnance. Avez-vous déjà fait votre radio ?

— Non ! Pas encore.

— Très bien ! Je vous libère alors. Je vous remets entre les mains de Lionel. Comme c'est la première fois que vous y allez, il va vous y conduire. C'est au 2e étage, il vous montrera pour que vous puissiez y aller seule les prochaines fois. Ce sera toujours entre 16 h 30 et 17 h 30. Après la radio, vous reviendrez me voir dans mon bureau.

Je retrouve donc Lionel à qui j'explique tout ce que la Docteur Ouldammar m'a dit.

— Mais oui, bien sûr ! Ne t'inquiète pas, je vais t'accompagner pour te montrer où c'est. Après, ça ira pour revenir ici seule ?

— Oui, pas de souci !

— Sinon, ça va ? Ta biopsie s'est bien passée ?

— Un peu vaseuse, mais ça va !

Nous montons au 2e étage, par l'ascenseur réservé aux malades, et je le suis à travers deux couloirs, avant d'arriver devant le bureau et la salle d'attente de la *Radiologie*. Là se trouvent quatre autres patients, qui viennent de l'extérieur. Je les reconnais, car ils sont habillés en civil alors que moi, je porte la chemise de l'hôpital. Je remarque vite à leur attitude et à leur pansement compressif au cou que nous sommes tous des greffés du cœur. Du coup, je me souviens de mon passage en *Cardiologie thoracique*, il y a 7 mois. Je comprends mieux l'air désabusé du patient qui m'avait demandé depuis quand j'étais greffée et à qui j'avais répondu que je n'étais pas vraiment là pour mon cœur[33]. Il devait probablement se dire : « Si tu n'es pas prête à l'idée ma grande, nous ne sommes pas là pour t'ôter tes illusions. Mais quand tu passes ce couloir, généralement, ce n'est pas pour de la figuration. »

Me voilà de l'autre côté maintenant…

Lionel me laisse parmi eux et remet une feuille de liaison à l'infirmier présent dans le box, avec une de ses collègues. On m'appelle en troisième. On me fait entrer dans une cabine et l'on me dit d'enlever uniquement mon haut. Je m'exécute et j'attends quelques minutes avant que l'infirmière vienne me chercher.

— Madame Pontgelard ! Vous pouvez venir. Posez vos deux mains sur les poignées, en face de vous, puis appliquez votre poitrine contre le panneau. Ramenez vos coudes le long de votre corps. Très bien ! Quand je vous le dirai, prenez une grande inspiration.

Je me plaque contre la paroi froide de l'appareil, en suivant les instructions de l'infirmière.

— Voilà, inspirez bien… Et maintenant, retenez votre respiration !

Elle va derrière son paravent plombé, pour prendre le cliché.

— Très bien ! Vous pouvez respirer maintenant. Je vous laisse vous rhabiller et rejoindre le service. Votre radio sera transmise directement à votre cardiologue. Au revoir et bonne fin de journée !

— Merci ! Bonne journée également.

Lorsque j'arrive dans la salle d'attente, les autres patients sont déjà presque tous partis. Il ne reste plus qu'une personne qui n'est pas encore passée. Je ne connais pas ce monsieur, d'une cinquantaine d'années, mais il me semble l'avoir vu en bas. Aussi, je lui demande

---

[33] Voir chapitre 7 *Sur la liste orange*.

si je peux l'attendre, pour ne pas redescendre seule dans le service… ça m'évitera de me perdre. Il accepte bien gentiment.

À son retour, nous prenons l'ascenseur. Il s'arrête au niveau de la salle d'attente et nous nous saluons. Je rejoins le bureau de la Docteur Ouldammar. J'attends à peine quelques secondes avant qu'elle me fasse entrer.

— Je vous laisse enlever votre haut et vous installer sur la table d'examen.

Elle consulte ma radio qu'elle a reçue directement sur son ordinateur.

— Dites-moi, comment vous sentez-vous ?

— Sincèrement, je me sens super bien. Je marche depuis le 8e jour et je retrouve peu à peu mes capacités cognitives. Mon moral est parfait, malgré ma déconvenue quand j'ai appris que je ne pouvais pas rentrer sur Kerpape et que je devais poursuivre mes soins à Paris.

— Effectivement, Madame Pontgelard, nous ne pouvons pas vous laisser repartir tout de suite, parce que les biopsies doivent être réalisées tous les sept jours pendant un mois et demi. Ensuite, elles seront espacées de dix jours, jusqu'à la fin du 3e mois. Et nous, nous nous verrons tous les quinze jours.

Je comprends mieux ce qui m'oblige à rester dans le secteur. Mes allers-retours fréquents entre la Bretagne et Paris deviendraient vite fatigants et ne favoriseraient pas ma remise en forme.

La Docteur Ouldammar procède à l'échographie et, tout en regardant mon cœur sous toutes les coutures, m'indique que tout va bien.

— Si l'on ne savait pas que vous aviez été greffée, on pourrait passer à côté, me dit-elle en souriant.

Merveilleuse nouvelle, je suis rassurée. Je ne m'inquiète absolument pas des résultats de la biopsie. Je ressors de son bureau ravie : j'ai fait ma première biopsie ! Maintenant que je sais ce que c'est, je ne suis plus du tout impressionnée. Certes, c'est un examen extrêmement épuisant et je mets du temps à m'en remettre, mais j'ai bien conscience que c'est le seul moyen de déterminer l'état du greffon. J'ai également intégré l'idée que, malheureusement, tout peut s'arrêter du jour au lendemain, parfois même sans prévenir, d'où la nécessité de respecter scrupuleusement les consignes de soin postopératoires.

Quand je remonte dans ma chambre, je reste perplexe : tous les sept jours, ça fait quand même beaucoup ! Évidemment, je n'attends pas le soir même pour partager cette nouvelle avec Anthony.

XVIII
La clinique Bizet

Mardi 4 juillet, c'est le jour de mon déménagement pour la clinique Bizet. L'infirmière arrive dans ma chambre pour me dire que je serai transférée cet après-midi. Je suis soudainement emplie de joie. J'ai hâte de quitter l'hôpital, de commencer cette nouvelle étape.

Ce matin-là, c'est la première fois que, du couloir, j'entends une aide-soignante annoncer qu'il y a du courrier pour les patients. Je n'imaginais même pas que l'on puisse en recevoir ici. À ma plus grande surprise, elle entre dans ma chambre pour me déposer deux colis. C'est plutôt sympa de savoir que des gens ont pensé à vous et vous ont écrit. J'ouvre la première enveloppe : c'est le journal *Ouest France* envoyé par ma meilleure amie Agnès. Elle tient une boulangerie-pâtisserie sur la côte, avec les mêmes contraintes que nous. Je trouve ça inattendu et amusant. Je lui adresse aussitôt un texto pour la remercier. Ce n'est pas la première fois qu'elle me fait ce genre de plaisanterie. Le dernier coup, elle m'avait envoyé une photo de moutons au bout de son jardin. J'adore cette manière anodine de me ramener à la vie chez moi, comme si j'étais parmi eux. L'autre paquet me vient de la part de Pomme. C'est un petit colis dans lequel je trouve des livres de jeux et casse-têtes. C'est adorable et plein de bonnes intentions. Je mets bien vite tout ça dans mes bagages, pour qu'ils m'accompagnent dans cette nouvelle aventure qui m'attend l'après-midi même.

Je dois patienter jusqu'à 15 h pour que les ambulanciers viennent me chercher. Ils me descendent en brancard et m'amènent à l'arrière de leur véhicule, par lequel ils me font monter sans que j'aie besoin de bouger. Je m'aperçois que le trajet pour aller de la Pitié-Salpêtrière à la clinique n'est pas très loin, ce qui est plutôt une bonne nouvelle puisque je vais devoir le faire assez régulièrement.

L'arrivée à la clinique Bizet est assez confortable : je n'ai rien à faire, ce sont les ambulanciers qui communiquent tous les documents nécessaires. On me reçoit juste quelques instants à l'entrée du bureau des admissions, car le brancard ne rentre pas. Là, on me souhaite la bienvenue et l'on me remet le fascicule de fonctionnement de la clinique. Puis on m'indique mon numéro de chambre.

Les ambulanciers me déposent alors dans une chambre du 2e étage, tout au fond du couloir. Je suis seule dans cette chambre : c'est le protocole obligatoire à la suite d'une greffe, car je suis sans défense immunitaire avec mon traitement. Le bâtiment est assez vieillissant, en plein cœur du 16e arrondissement. Avant d'entrer dans la clinique, j'ai remarqué qu'il y avait une supérette presque en face, ce qui sera très pratique pour mes quelques achats. De la fenêtre de ma chambre, j'ai vue sur la courette de la clinique et une petite parcelle de pelouse. Rien à voir avec le parc de la Pitié-Salpêtrière ! On m'apporte mes trois valises pour que je puisse m'installer tranquillement. Je découvre avec surprise que des échantillons de produits *Clarins* ont été mis à ma disposition, dans la salle de bain. La chambre est relativement spacieuse et le lit est confortable.

Une infirmière vient me prodiguer les premiers soins. Elle fait avec moi l'inventaire de mes affaires personnelles. Puis, elle m'explique que le médecin va venir me voir pour m'informer sur le déroulement de mes journées et la rééducation qui va m'être proposée.

Effectivement, un quart d'heure plus tard, un médecin d'un certain âge entre dans ma chambre.

— Bonjour Madame Pontgelard ! Je suis l'un des cardiologues référents de cet étage.

— Bonjour Docteur !

— Puis-je m'asseoir dans ce fauteuil ?

— Oui, je vous en prie.

— Alors ! Qu'est-ce qui vous amène ici ?

Je lui résume mon parcours depuis la greffe.

— Très bien ! Dès demain matin, vous allez pouvoir commencer le planning de rééducation. Tout est indiqué dans le fascicule qui vous a été remis à l'accueil. Vos repas seront servis dans votre chambre, pour éviter trop de contacts. Avec votre greffe, vous avez un régime sans sel, sans gras et sans sucre…

Je repense à toutes les belles pâtisseries que je vends à la boutique. Avec le parcours professionnel d'Anthony, qui l'a amené à travailler pour de grands chefs en France et à l'étranger, nous sommes gâtés. Je laisse mon imaginaire divaguer pendant que le médecin continue à me parler de diététique.

— … D'ailleurs, une diététicienne viendra vous voir cet après-midi.

J'acquiesce docilement.

— Bon, eh bien ! Je crois que nous avons fait le tour. Avez-vous des questions ?

— Oui ! Une seule : Combien de temps doit durer mon hospitalisation chez vous ?

— Écoutez, je ne sais pas encore. Tout dépendra de votre remise en forme et de votre récupération cardiaque.

Bien évidemment, je ne suis pas satisfaite de cette réponse évasive, mais je m'en contente pour le moment. À moi de lui prouver ce dont je suis capable. Après qu'il a quitté ma chambre, j'appelle l'infirmière dans le couloir. Je lui demande si je peux aller à l'extérieur quelques instants, pour me familiariser avec les lieux.

— Oui bien sûr ! Ici, vous êtes libre de circuler comme bon vous semble, mais uniquement dans l'enceinte de l'établissement, pour l'instant.

Soit ! Au moins, je vais pouvoir explorer ce nouvel environnement. Je prends donc l'ascenseur, pour descendre au rez-de-chaussée. Là, je découvre le hall tout en lumières, colonnes et carrelage. Sur ma droite se trouve le poste d'accueil, en face un salon et les bureaux. Sur ma gauche, un autre petit salon, fermé par des cloisons transparentes, où je vois une machine à café et une à friandises… certainement pour les familles, lors des visites. Je prends la porte principale, qui passe devant le petit salon visiteur, et je descends une pente, en m'aidant de la rambarde. Dehors, je me dirige vers l'imposant portail de la clinique, que je me garde bien de dépasser, et j'observe la rue. Elle descend légèrement et je vois la supérette, que j'avais repérée tout à l'heure.

Je me dirige ensuite vers l'arrière de la clinique et, en levant les yeux, je reconnais la fenêtre de ma chambre. En partant de la gauche, c'est la 1re fenêtre du 2e étage. Il y a aussi un banc et quelques arbres. J'avance un peu plus et je découvre le tout petit bout de pelouse, avec deux marches pour y accéder. Nous sommes loin de l'espace de verdure que je pensais trouver, mais qu'à cela ne tienne, cet endroit devient officiellement mon coin lecture, papotage au téléphone avec mes proches et sortie quotidienne. Je prends une vidéo et plusieurs photos, pour montrer mon nouveau lieu de vie à Anthony et Élouan.

La soirée me paraît longue. Je vois beaucoup moins de personnel soignant passer et il y a moins de vie dans les couloirs. Après tout, c'est normal : c'est un établissement de rééducation et de convalescence… du moins, à cet étage. Le repas du soir est servi vers 18 h 30 et celui du matin vers 8 h 30.

Demain matin, je pourrai commencer la rééducation. Les séances sont de 10 h 30 à midi. L'après-midi est libre et le soir, ce sera Visio avec Anthony. Il sera seul, puisqu'Élouan est chez Erwan. Ils me manquent terriblement, c'est devenu très dur sans lui et sans Élouan. Mon quotidien a toujours été avec eux, depuis de nombreuses années, du coup le vide se fait ressentir cruellement. Ça fait déjà un mois que je ne les ai pas revus, sans compter le temps où nous étions séparés, avec mon arrivée à Chartres fin mai.

J'envoie également la vidéo de la clinique à ma mère. Elle est fan de Johnny Halliday et comme il a séjourné dans cette clinique, ça devrait lui plaire de voir les lieux.

Le lendemain matin, je peux enfin prendre ma première douche depuis la greffe. Je connais les règles : je ne dois pas diriger le pommeau directement sur ma cicatrice. Le jet serait trop fort et risquerait de me blesser. Qu'est-ce que ça fait du bien de se doucher ! Bon, malgré une certaine maladresse due à l'inquiétude, j'en profite pleinement. Je reste un long moment dans la salle de bain. Je peux de nouveau m'habiller autrement qu'avec la chemise d'hôpital imposée et prendre soin de ma peau, en m'appliquant une crème sur le visage. Je mets en suite ma tenue de sport et mes baskets d'intérieur.

Le petit déjeuner est léger. Je suis impatiente de découvrir les kinésithérapeutes et les exercices de rééducation.

Arrivée dans le hall, le long du mur du couloir, je vois des sièges à accoudoirs, avec une assise en mousse. Ce doit être la « salle d'attente », car des patients sont déjà installés dans ces fauteuils. Au fond, à côté des toilettes, se trouve un salon avec un canapé, un réfrigérateur et des petites bouteilles d'eau individuelles à notre disposition. Ce salon, dans lequel nous pouvons aussi nous rendre, est conçu pour accueillir les patients venant de l'extérieur. Ils ont, pour la plupart, séjourné à la clinique et ils continuent leur rééducation dans l'établissement. C'est pour cela que nous ne commençons qu'à 10 h 30, parce qu'avant les séances leur sont réservées. L'après-midi, ce sont encore d'autres patients de la clinique, avec des pathologies différentes. À l'entrée de ce hall, dans la salle de réunion, j'ai vu sur le fascicule que nous pouvions assister à plusieurs ateliers : diététique, vie quotidienne, sport et loisirs. Je consulte le planning sur la porte et je me dis que je participerais bien à certains ateliers, pour voir ce que ça donne…

Lorsque j'arrive dans le couloir, je salue les personnes présentes, qui attendent pour la kinésithérapie, et je m'assois à mon tour. Je regarde ma montre : ça commence dans 10 minutes pour nous.

Certaines personnes échangent entre elles et, au détour de leur conversation, je comprends que nous avons tous subi une sternotomie médiane[34], mais je n'entends personne parler de greffe.

Les patients extérieurs sortent de la salle de rééducation et l'un des deux kinés, assez jeune, nous propose d'entrer. Il salue plusieurs malades de mon groupe en les tutoyant. Il remarque très vite ma présence.

— Bonjour ! Vous êtes notre petite nouvelle de cette semaine ?

— Oui ! Bonjour !

— Alors, suivez-moi. Nous allons faire votre fiche d'entrée et ensuite vous pourrez rejoindre les autres pour démarrer la séance.

Je le suis donc jusqu'à un bureau improvisé, dans un coin de la salle, pour lui donner mes nom, prénom et date de naissance. Je découvre son collègue, tout aussi jeune, et qui porte un prénom à connotation bretonne…

Une fois les modalités d'usage faites, le premier kiné me propose de prendre un tapis de sol. Nous sommes huit patients. Tout le monde pose son tapis à terre. Je fais de mon mieux pour en faire de même : c'est un exercice difficile pour moi, car je n'ai retrouvé aucune souplesse depuis l'opération. Je sens mon torse raide comme un piquet. Le kiné nous regarde nous installer et dit :

— OK ! Bon, je vais mettre un peu de musique pour l'ambiance et l'on va commencer. Vous pouvez déjà vous allonger sur le dos.

Tout en parlant, comme il passe près de moi, je l'interpelle.

— S'il vous plaît ! Je n'arrive pas à m'allonger au sol. J'ai subi une greffe cardiaque et j'ai été ouverte au thorax. Je suis incapable de me mettre par terre et encore moins de me relever.

— Eh bien ! C'est justement pour ça que vous êtes ici : pour réapprendre ces gestes simples et, surtout, pouvoir vous relever en cas de chute.

[34] Incision rectiligne du sternum par le milieu. Technique chirurgicale particulièrement utilisée en chirurgie cardiaque pour atteindre le médiastin, partie de la cage thoracique située entre les poumons et contenant le cœur.

— OK ! Après tout, pourquoi pas ? Par contre, vous verrez qu'au moment de me relever j'aurai plutôt l'air d'un cachalot échoué.

— Normalement, on vous apprend la technique de retournement de la tortue sur le dos, mais va pour le cachalot ! Du moment que vous arrivez à vous remettre debout.

Les autres patients, autour de moi, sourient et s'amusent de cette situation, mais avec bienveillance, car nous connaissons tous les mêmes difficultés en arrivant à ces séances. Cela nous permet aussi de nous sentir soutenus. Le kiné m'aide donc à m'allonger… La musique démarre et les exercices peuvent commencer. Je regarde mes compagnons : certains sont très à l'aise, d'autres moins. Je me classe très vite dans « peut largement mieux faire ».

Après une bonne demi-heure d'exercices au sol, il est temps de se relever. Et là, impossible pour moi ! Le kiné voit tout de suite sur mon visage la panique qui m'envahit. Il vient alors s'allonger à côté de moi.

— Ça va aller, je suis là ! Écoutez-moi et regardez. Vous allez d'abord prendre une grande inspiration, puis vous tourner sur le côté droit.

Tout en me parlant, il me montre les mouvements à effectuer, en les faisant lui-même en miroir.

— Très bien ! Repliez vos jambes contre votre poitrine, puis posez votre main gauche, ainsi que votre genou gauche au sol…

Je regarde ses gestes et je m'applique à les reproduire le mieux possible. Pour l'instant, ça va ! Ça reste simple.

— Oui, voilà ! Maintenant, soulevez légèrement le torse pour faire glisser votre coude droit en dessous, vers l'arrière…

Ah, là ! Ça se complique… mais je m'accroche malgré ma poitrine très raide.

— Super ! Vous vous en sortez très bien… OK, maintenant vous allez vous mettre à quatre pattes, en vous aidant de votre coude et de votre avant-bras… Oui ! C'est ça

Il s'est levé prestement, pour tenir la chaise devant moi.

— Vous pouvez lever la tête et poser un pied par terre. Très bien ! Et là, vous prenez appui sur cette chaise, pour vous aider à vous relever.

Ouf ! J'ai réussi…

— Eh bien ! Vous voyez ? Vous êtes debout. Effectivement, le style est un peu archaïque, mais vous y êtes arrivée, c'est le principal.

Tous les autres patients me regardent en souriant, pleins d'empathie et d'approbation à la fois. C'est vraiment très agréable de ne pas se sentir seule.

Tout souriant, le kiné lance :

— Bon ! Place maintenant au Tour de France !

C'est la séance cyclisme : chacun prend un vélo pendant que le kiné m'indique quel sera le mien. Les kinés nous programmeront l'intensité par paliers. Nous voilà partis pour 30 minutes de pédalage. L'exercice n'est pas simple : j'ai perdu beaucoup de muscles et je n'ai plus de « cardio ».

Une fois la séance terminée, chacun doit prendre sa tension et la communiquer aux kinés. Avant de nous quitter, le premier kiné me propose de revenir seule l'après-midi, entre 13 h 30 et 15 h 30, si j'en ai envie. La salle sera libre et je pourrai m'exercer sur le tapis de marche. Il m'en explique le fonctionnement, pour que je sois autonome.

Je retourne dans ma chambre, en forme et bien contente de cette première séance. Le déjeuner est servi assez vite, mais l'après-midi, isolée dans ma chambre, je trouve le temps relativement long… Je décide donc de revenir à la salle de rééducation, pour faire un peu de tapis de marche. Et puis, on ne sait jamais, je pourrai peut-être croiser quelqu'un avec qui discuter.

Effectivement, quand j'arrive, il y a un homme en costume, qui travaille sur l'ordinateur.

— Bonjour ! Je peux entrer ?

— Bonjour ! Oui, bien sûr ! Entrez ! Vous êtes ?

— Gaëlle Pontgelard ! Je suis arrivée hier de la Pitié-Salpêtrière, service de cardiologie. J'ai été greffée du cœur.

— Enchanté ! Je suis le Docteur Jean-René Hazard et je serai votre référent. Je travaille justement en collaboration avec Gilles Montalescot à la Pitié. Je partage mon temps entre les deux établissements. Je devais passer vous voir dans votre chambre, mais, puisque vous êtes là, je vous donne rendez-vous demain matin à 8 h, ici même, pour un test d'effort. Cela me permettra de me faire une idée de l'état de votre greffon et d'adapter votre programme d'exercices en conséquence.

Je ne peux pas dire que cela me mette super à l'aise, mais je comprends qu'il faut des points de repère pour mieux guider mon retour à la vie « normale ». Le Docteur Hazard sort de la salle, tandis que je reste un peu déconcertée. J'aimerais bien faire de la marche sur le tapis, mais ça m'embête d'être seule. Et si je me blesse ? Face à la réalité que je ne me sente pas très rassurée, je préfère me rabattre sur une promenade à l'extérieur et avec l'espoir de rencontrer des confrères ou consœurs d'infortune. Dans cet univers où chacun est isolé dans sa chambre, je ressens le besoin de côtoyer d'autres personnes dans mon cas.

À l'entrée de la clinique, sur le muret, je croise une femme toute frêle et timide. Voyant sa mine un peu triste, j'engage la conversation avec elle. Elle s'appelle Marie-Christine et elle a subi une intervention à cœur ouvert.

Par la suite, je la retrouverai tous les jours et nous commencerons à échanger sur nos vies respectives. En plus, sa chambre n'est pas loin de la mienne. Je me sens proche d'elle avec notre point commun de la lourde opération cardiaque, mais elle est beaucoup plus fatiguée que moi et nos entrevues sont parfois très courtes. La kiné n'est pas facile pour elle et elle souffre d'un grand manque de confiance.

Le soir venu, je trouve qu'Anthony a l'air fatigué lors de notre Visio, mais ses traits sont ceux que je connais. Il ne dévoile pas grand-chose de son état, je reste donc persuadée que tout va bien…

Le lendemain matin, à 8 h pétantes, je suis au rendez-vous du Docteur Hazard, qui m'attend.

— Bonjour Madame Pontgelard ! Vous avez bien dormi ? Vous êtes prête ?

— Bonjour Docteur ! Oui, ma foi, ça va bien ! Je suis prête, on peut commencer.

— Très bien ! Alors, assoyez-vous sur l'un de ces deux vélos.

Il me fixe un masque, qui recouvre mon nez et ma bouche, avec des élastiques derrière les oreilles et dans lequel je dois respirer. C'est ce qui lui permettra de prendre des mesures.

— Pouvez-vous souffler fort ?

Il entre quelques données sur son ordinateur, pendant que je commence à pédaler doucement.

— À zéro, vous pourrez accélérer. Ensuite, j'augmenterai petit à petit la résistance du pédalier. Dès que vous commencerez à avoir du mal à pédaler, vous me le dites. On ira jusqu'à ce que vous n'en puissiez plus. Attention ! 3, 2, 1, 0, c'est parti !

Au fur et à mesure qu'il augmente la puissance, ça devient de plus en plus difficile pour moi de tenir la distance. Je n'ai plus beaucoup de force.

— Je commence vraiment à fatiguer… lui dis-je en soufflant dans le masque.

— Très bien ! Gardez encore ce rythme pendant une minute et après on arrête.

Je continue de pédaler péniblement, en comptant les secondes dans ma tête, pour m'encourager.

— C'est bon ! Vous pouvez ralentir sans vous arrêter complètement. On va redescendre tout doucement, je vous dirai quand ce sera fini. Là… Très bien… Stop !

Il a l'air satisfait.

— Parfait, Madame Pontgelard ! Votre cœur est en bonne forme et vous pouvez augmenter sans problème votre capacité cardiaque, en produisant plus d'efforts.

— D'accord Docteur ! Mais, je ne risque rien ?

— Non ! Ne vous inquiétez pas pour ça. Les choses vont évoluer doucement, mais sûrement. C'est le propre même de la rééducation. Bon, eh bien ! Si vous n'avez pas d'autres questions, je vous laisse à votre séance. Avec ce test d'effort, je vais donner quelques informations aux kinés sur votre suivi global, pour que vous puissiez appréhender vos prochains exercices. Et vous, vous viendrez me voir demain, dans mon bureau. Il se trouve à l'angle entre la salle d'attente et l'ascenseur.

— Très bien Docteur ! Merci encore et à demain.

Je suis très heureuse d'avoir fait connaissance avec ce médecin. Il est très agréable et surtout à l'écoute. Le test d'efforts s'est beaucoup mieux passé que je ne le pensais. Je vais pouvoir aborder la séance de rééducation d'aujourd'hui avec de nouveaux challenges à relever, dont, notamment, l'augmentation de mes exercices à vélo.

Il n'est pas encore tout à fait 10 h 30, aussi je remonte dans ma chambre pour prendre le temps de me rafraîchir et manger un peu. Un petit déjeuner m'a été servi pendant mon absence.

Prête, fraîche et dispo, je vais rejoindre mon équipe de sportifs. Notre groupe est très éclectique, d'autant plus que les entrées se font toutes les semaines. Les patients arrivent et repartent au gré de la durée de leur rééducation, au sein de la clinique. Je fais ainsi la connaissance d'un monsieur, d'un certain âge, qui retient mon attention. Il est amusant, il porte des vêtements très chics et des mocassins en velours, toujours dans des tons unis et de couleurs assorties. Chaque jour, il est habillé de la tête aux pieds d'une couleur unique, y compris pour les mocassins. On ne s'attend pas à le voir faire du sport avec ces tenues vestimentaires, mais ça ne semble pas le gêner.

Ce vieil homme à un parcours atypique, c'est pour ça qu'il m'interpelle. Il a subi deux sternotomies. Ces deux interventions ont été réalisées par le Professeur Pascal Leprince, issu de la lignée des grands pontes de la cardiologie, tout comme le Professeur Cabrol décédé il y a peu[35]. Le Professeur Leprince dirige le service de chirurgie cardiaque de la Pitié-Salpêtrière.

Ce patient est donc là pour la rééducation de sa 2e sternotomie. Je suis fascinée : je ne pensais même pas qu'il était possible d'ouvrir deux fois le thorax. Je n'en reviens pas de ce que la médecine est capable de faire aujourd'hui. Il a bien plus de 80 ans, du moins c'est comme ça qu'il se présente à moi. J'éprouve beaucoup de plaisir à le retrouver chaque jour. Et je commence, petit à petit, à sympathiser aussi avec les autres patients, avec qui je m'exerce tous les matins. Dommage qu'ils préfèrent passer leurs après-midi dans le confort de leur chambre où ils se reposent. Ça ne me donne pas beaucoup d'occasions de les croiser, ne serait-ce qu'à la machine à café…

Les ateliers, que j'avais notés sur le fascicule, ont lieu en journée et nous permettent de nous retrouver autour de sujets communs. Les cours concernent souvent des thèmes comme la diététique, les bienfaits du sport ou encore le fonctionnement du corps humain. Ce dernier thème est, sans aucun doute, le plus apprécié, car il nous permet de comprendre, dans un langage simple, ce que nous faisons dans cette clinique. Il répond aux interrogations que nous pouvons avoir telles que : Pourquoi le cœur fatigue-t-il ? Pourquoi nous prescrit-on ce médicament plutôt qu'un autre ? Pourquoi un traitement est donné au début, mais retiré par la suite ? Etc.

L'atelier que je préfère est celui sur la vie quotidienne et « l'après ». On y parle de la douche, avec la puissance du jet trop près du thorax qui pourrait être dangereux pour nous. On y évoque la toxicité de certains produits de beauté et d'hygiène. On nous apprend aussi à lire les étiquettes de ces produits, mais également celles sur l'alimentaire. Au fur et à mesure, on s'aperçoit que nous ne sommes plus comme les autres et que nous devons redoubler de vigilance avec ce que nous nous mettons sur la peau ou ce que nous absorbons. Et,

[35] Le Professeur Christian Cabrol, chirurgien cardiaque, s'est éteint le vendredi 16 juin 2017 à l'âge de 91 ans, à la Pitié-Salpêtrière. Il était le pionnier de la greffe cardiaque.

bien que je sois la seule greffée du service, beaucoup d'inconvénients nous rassemblent tous.

J'aime beaucoup également l'atelier sur l'anatomie et la compréhension des effets de nos traitements. Je sens qu'en tant que patiente, j'ai un besoin viscéral de comprendre le pourquoi du comment.

En ce dernier mercredi de repos, avant de passer en 7/7 jours, Anthony m'envoie une photo : Élouan et lui sont de nouveau réunis. Papa a proposé à notre gars de faire un tour de moto. Avec sa Harley-Davidson 1340 Héritage Springer, ils vont aller jusqu'à la presqu'île de Rhuys, pour manger une glace et rendre visite à Agnès et Noël. Ce sont des amis boulangers à Saint-Jacques et ils sont également en repos le mercredi. Je suis tellement contente pour eux tous. Je sais à quel point ces amis comptent pour Anthony. Ils sont très proches et ils partagent la même passion pour ce métier, qui est le nôtre. De plus, Agnès est complètement folle d'Élouan, qu'elle a « adopté » dès leur première rencontre. Je suis très heureuse qu'ils puissent profiter de ces moments volés à un emploi du temps chargé.

Dans l'après-midi, j'ai la surprise et le bonheur de les avoir tous les quatre au téléphone. Ils sont sur la terrasse en train de siroter un verre au soleil et, à l'unisson, ils me déclament :

— On pense fort à toi ! Tu nous manques.

Ça me fait énormément de bien de les entendre.

Ces premiers jours que je viens de passer à la clinique me paraissent longs. Certes, le matin, je suis bien occupée et je vois de la vie. Mais, une fois les séances de sport finies, comme je suis de moins en moins fatiguée, je trouve que les après-midi s'étirent trop lentement et je m'ennuie. Et dire que nous ne sommes que le vendredi 7 juillet… Mais, heureusement, ça ne va pas durer !

Comme tous les soirs, je continue d'avoir Anthony au téléphone. Notre rythme de conversation est devenu moins soutenu : il est totalement submergé de travail et il n'a pas besoin de me le dire pour que je le comprenne. Du coup, je le sollicite moins longtemps. Entre les clients habituels, les clients de passage et le personnel, qui, de son plein droit, refuse les heures supplémentaires, il a de quoi faire. Heureusement, Christophe reste fidèle et est d'un grand soutien pour Anthony.

Il m'annonce également qu'Élouan prendra le train demain matin, avec le service d'accompagnement des mineurs de la SNCF. Il a réussi à tout gérer, malgré le débordement d'activité à la boulangerie, et il l'amènera à la gare d'Auray pour 7 h 45. Papi Jean-Marie a été désigné comme adulte référent pour aller chercher Élouan à la gare Montparnasse. Je ne sais pas où Anthony trouve encore toute cette énergie et il n'en parle pas, mais il se démène pour nous.

Samedi matin, Anthony m'envoie un message : « Le colis est dans le train. Tout est prêt pour sa récupération à Paris, comme prévu. Tiens-moi au courant et profite de ces retrouvailles avec notre fils. Je t'aime. »

Je ris et je pleure à la fois : Élouan n'est plus qu'à quelques kilomètres de moi et je suis folle de joie à l'idée de nos retrouvailles. Mais j'imagine ce qu'Anthony doit ressentir, en sachant que les deux amours de sa vie sont si loin de lui, d'un seul coup.

Trois heures plus tard, Maman m'appelle :

— Bonjour ma grande ! Ça y est, Papi est parti chercher Élouan. Je les attends dans la voiture et, dès qu'ils arrivent, nous venons directement te rejoindre à la clinique.

Ouah, quelle nouvelle ! Je suis en effervescence… J'ai tellement hâte de retrouver mon garçon, mon p'tit chat, mon bébé Chatchat comme je le surnomme affectueusement.

Il est 11 h 30 et j'attends impatiemment leur arrivée ! J'envoie un texto à Anthony pour l'informer qu'Élouan a bien été récupéré et qu'il ne devrait pas tarder à être là. À cette heure-ci et avec le travail, il n'aura pas le message tout de suite, mais, au moins, je partage à distance avec lui.

À 12 h 30 passé, la réception de la clinique m'appelle :

— Bonjour Madame Pontgelard ! C'est l'accueil de la clinique. Un jeune garçon demande à vous voir. Est-ce que vous souhaitez descendre ou dois-je le faire monter dans votre chambre ?

— Non, non ! Qu'il ne bouge pas. J'arrive tout de suite !

Et je raccroche, sans égard pour la jeune femme de l'accueil, trop pressée de le retrouver.

Je cours littéralement vers l'ascenseur. Mon cœur bat fort, mais je réfrène mes émotions qui me feraient perdre du temps et mes capacités. Arrivée en bas, l'ascenseur s'ouvre, j'ai deux marches à monter et une porte à ouvrir… J'aperçois l'accueil, j'avance encore de quelques pas et là, je vois tout de suite mon petit garçon. Agrippé à sa valise, il est plongé dans ses pensées. D'un pas rapide, je me dirige vers lui. Je suis submergée par les larmes. Lorsque je m'approche tout près de lui, il se retourne et je l'enlace de toute la force de mon amour, en pleurant. Ses larmes rejoignent vite les miennes. Je n'arrive pas à le lâcher… Notre étreinte semble durer une éternité, mais je finis par le libérer. Je me recule un peu pour mieux le regarder : il est magnifique, sa peau lisse et brillante est toute bronzée et il sent merveilleusement bon.

— Salut amour de ma vie ! Qu'est-ce que je suis contente de te voir ! Ça va mon cœur ? Le trajet s'est bien passé ?

— Maman ! s'exclame-t-il, comme si c'était du domaine du miracle. Moi aussi, je suis tellement content d'être avec toi. Je peux rester avec toi maintenant, hein ?

Je n'ai pas le cœur de lui dire « non ». C'est au-dessus de mes forces. Le lieu est différent et, du haut de ses 14 ans, tout ceci doit être très impressionnant.

— Là, tout de suite, on ne peut pas, mais très prochainement, on sera de nouveau réunis tous les trois. Aussi, que dis-tu de profiter du moment présent ? Et puis, ne t'inquiète pas mon petit cœur : tu sais bien que, quel que soit l'endroit où tu es, je suis toujours avec toi.

— D'accord Maman !

— Mais, dis-moi p'tit chat ? Tu n'es pas venu tout seul ? Où as-tu planqué tes grands-parents ?

— Ils sont dehors. Ils m'ont dit d'entrer seul. Papi est parti garer la voiture et il ramène Mamie.

J'envoie donc un message à Maman, qui me répond : « Nous avons du mal à trouver une place dans le quartier. Mais prends le temps de tes retrouvailles avec Élouan. On vous rejoint bien vite. »

Je lui écris alors : « Très bien. Je monte dans ma chambre avec Loulou. À tout de suite ! »

Alors que nous passons devant l'accueil, je m'aperçois que je n'ai pas pris le temps de saluer la jeune hôtesse.

— Bonjour Madame ! Toutes mes excuses pour mon comportement un peu cavalier de tout à l'heure. Ces retrouvailles avec mon fils m'ont enlevé le sens de la bienséance.

Elle sourit bien aimablement.

— Pas de souci, ne vous inquiétez pas, je comprends. Est-ce que vous voulez que je garde la valise de votre fils, pendant que vous montez dans votre chambre ?

— Oh oui ! Avec grand plaisir. Merci beaucoup ! À tout à l'heure.

Je commence donc le tour du propriétaire avec mon gars. Je lui montre d'abord le grand hall d'accueil, puis nous prenons l'ascenseur et, au 2e étage, nous longeons le couloir jusqu'au bout, pour arriver à ma chambre.

Mon déjeuner a été servi, mais, qu'à cela ne tienne, je demanderai si, exceptionnellement, on peut me le réchauffer plus tard. Pour l'instant, ce n'est pas la faim qui me tiraille. Élouan trouve mon espace de vie assez grand, mais « vieillot ». Je pense qu'il est content de matérialiser l'endroit où sa maman évolue désormais. C'est sûr que ça change de ma petite chambre à la Pitié-Salpêtrière, où il était venu me rendre visite avec Anthony. Et cette fois-ci, il n'y a pas de contraintes sanitaires à respecter. Là, nous ne portons pas de masque et nous pouvons nous serrer dans les bras ou nous tenir côte à côte. L'amour reprend très vite le dessus et nous n'avons pas de barrière ni de tabou. Nos retrouvailles sont à la hauteur de cet amour qui nous unit tous les trois. Nous prenons très vite une photo de nous deux pour l'envoyer à Papa. Comme il nous manque, ça nous permet de lui dire que nous pensons très fort à lui et, sans mettre de mots, qu'il est avec nous, dans nos cœurs.

Assis dans un fauteuil collé au mien, Élouan me demande :

— Maman ?

— Oui mon chat !

— Est-ce que Papa et moi, on est toujours dans ce nouveau cœur ?

Je retiens ce trop-plein d'émotion qui me submerge d'un coup et je lui dis tout simplement :

— Évidemment mon chat ! Vous ne pourriez être nulle part ailleurs. Vous êtes les amours de ma vie, Loulou, et rien ne pourra jamais changer ça.

— OK, super ! C'est parce que j'ai entendu que les personnes qui changent de cœur peuvent ressentir des choses différentes, des sentiments qui appartiennent à l'autre personne qui est morte.

— C'est vrai, amour de ma vie ! C'est un grand débat, mais tu sais, moi, je n'ai jamais rien ressenti de particulier. Je crois que ça dépend des personnes. D'abord, c'est le cerveau qui contrôle tout. Tu sais, c'est comme dans les films : je t'ai souvent expliqué que c'était de la fiction… Eh bien, là ! En tout cas pour moi, c'est pareil !

— Super ! Du moment que ça ne change rien entre nous, alors tout va bien.

Je me dis en moi-même : oh non ! Ne t'inquiète pas mon p'tit chat. Avec tout l'amour que je vous porte, à ton père et à toi, rien ne pourra jamais venir entamer notre nouvel avenir ensemble. Notre amour n'en sortira que plus grand. Mais à la place des mots, je le laisse se lover contre ma poitrine et je profite pleinement de ce moment où il écoute battre mon cœur et sent ce miracle en moi.

Maman nous appelle. Ils sont en bas, à l'accueil, et elle me demande si nous les rejoignons.

— OK ! Oui, on descend.

— Prenez votre temps.

Lorsque nous arrivons dans le hall, j'embrasse Maman et Papi.

— Alors Élouan ! Tu es content d'avoir retrouvé Maman ? lui demande Mamie.

— Oui ! lui répond-il avec un immense sourire.

— Bon, malheureusement, il est déjà l'heure d'aller déjeuner. Mais c'est toi qui choisis l'endroit où tu veux aller. Qu'est-ce qui te ferait plaisir ?

Sans surprise, ce sera hamburger ! J'ai un petit pincement au cœur, car cela annonce déjà le moment de se dire au revoir. Élouan va partir manger avec Papi et Mamie, puis ils s'en iront à Chartres. Je remercie chaleureusement mes parents d'avoir fait le détour jusqu'à moi et de m'avoir offert ce moment précieux avec mon Loulou.

La séparation est de nouveau compliquée, mais nous prenons le temps. Je les raccompagne jusqu'à la grille de la clinique, que je n'ai pas encore le droit de passer. Je sais que je le reverrai dans 6 jours, le 14 juillet comme convenu, lors de la passation entre ses grands-parents et son parrain Arnaud. Je leur fais signe de la main et leur envoie des bisous jusqu'à ce qu'ils tournent au coin de la rue.

Puis, je remonte tranquillement dans ma chambre, pour demander à faire réchauffer mon déjeuner et me reposer après cet ascenseur émotionnel.

En fin d'après-midi, l'hôtesse d'accueil m'appelle de nouveau.

— Madame Pontgelard ! Monsieur et Madame P. demandent à vous voir. Puis-je les laisser monter ?

Oh, mon Dieu ! mais quelle surprise ! Cyril, notre comptable, est venu avec Efelina.

— Oui, bien sûr ! Merci beaucoup Madame.

J'entends bien vite frapper à ma porte.

— Bon ! Y a quelqu'un ici ou ça dort encore ?

Là, pas de doute, c'est bien, mon Cyril ! J'ai le sourire jusqu'aux oreilles en l'entendant. Tous les deux marquent un temps d'arrêt avant de me dire bonjour. Ils sont tellement délicats qu'ils ne veulent pas prendre le moindre risque de me mettre en danger. Nous nous en tiendrons donc à un salut amical à distance, pour qu'aucun microbe ne me soit transmis. C'est ainsi ! Je dois, malgré moi, m'habituer à ne plus faire la bise et à me protéger de personnes qui pourraient me contaminer, ne serait-ce que par un simple rhume. Mais, nos retrouvailles et cette surprise de les voir à Paris, alors qu'ils habitent à Vannes, n'en sont pas gâchées.

Nous discutons une bonne heure. Cyril me rassure sur la logistique de l'entreprise. La mise en place pour soulager Anthony fonctionne bien. Mais, malgré cela, Cyril se demande quand même comment Anthony fait pour absorber autant de travail.

Efelina m'explique aussi qu'ils viennent beaucoup à Paris en ce moment, car, malheureusement, sa maman est gravement malade. Elle décédera peu de temps après.

Ces échanges me font un bien fou, ce sont mes amis de Bretagne, mon quotidien… tout ça est très précieux. Ils prennent ensuite congé, tandis qu'Efelina me promet que nous nous reverrons très bientôt.

Je suis aux anges avec cette journée. Je ne manque pas d'en parler avec Anthony, le soir venu. Lui, de son côté, est heureux pour moi, sans aucun doute, mais je le sens très fatigué.

— Surtout, ne t'oublie pas mon cœur, hein ! Si tu as besoin de quoi que ce soit, je suis là.

— Je sais mon cœur ! Mais toi, tu dois avant tout prendre soin de toi et de ta guérison. C'est la seule manière de nous réunir très vite tous les trois. Écoute, il y a quand même quelque chose que tu pourrais peut-être faire pour moi. Il faut qu'on trouve quelqu'un pour remplacer les filles lors de leurs repos, parce que je ne peux plus aller au magasin le matin. Tu as une idée ?

— OK ! Oui ! Que penses-tu de Delphine ?

Delphine est une amie de toujours. Elle a fait ses études hôtelières avec Anthony. Puis, avec son ex-mari Jean-Guy, ils ont tenu une boulangerie pendant des années à Carnac.

— Ah oui ! Éventuellement. Pourquoi pas ? Mais elle habite Muzillac et ça va lui faire un sacré bout de route jusqu'à Locmariaquer.

— C'est vrai ! Mais tu sais qu'elle est capable de tout pour nous. Écoute, je lui envoie un message ou je l'appelle et l'on se tient au courant. De toute façon, je lui dirai de voir avec toi pour les détails.

Nous nous quittons sur cette note positive. Je suis tellement heureuse de pouvoir au moins lui rendre ce petit service, tout en étant à distance. Je m'attelle donc à envoyer un message à Delphine pour lui demander son aide. Et, elle ne tarde pas à me répondre, en m'appelant directement.

— Coucou ma belle ! Alors comme ça, Pon-Pon[36] a besoin de moi ? Mais bien évidemment que je suis dispo ! Tu me dis quand et j'arrive à la boulangerie sans souci.

— Merci beaucoup ma belle ! Je vais proposer à Anthony de reprendre les plannings du magasin, pour le soulager. T'intègres dedans puis on refait le point par texto pour clarifier.

— Pas de souci ! Je me tiens à votre disposition. Je vous embrasse fort. Je vous aime ! Bisous.

Je rappelle Anthony, en prenant garde de ne pas déborder sur son heure de couchage. Il ne se repose déjà que 4 heures par jour, en faisant deux phases de 2 heures, l'une de 14 h 30 à 16 h 30 et l'autre de 22 h à minuit. Il est en train de promener Astibel, à l'arrière de la boulangerie, sur le petit sentier côtier qui mène à une petite crique.

— Salut petit cœur ! Tout va bien ?

— Oui, oui, mon ange ! Ne t'inquiète pas. C'était juste pour te dire que Delphine est prête à s'intégrer dans le planning du magasin, dès que tu en auras besoin. D'ailleurs, à ce propos, est-ce que tu veux que je me charge des plannings ? Ça te soulagera et je pourrai te les soumettre ensuite.

— Oui, OK ! Si tu veux. Mais je ne veux surtout pas t'embêter avec ça. Et Delphine ? Elle n'est pas bloquée par la distance ?

— Écoute, petit cœur ! Pour les plannings, ça ne me dérange pas du tout, au contraire. Je trouve mes après-midi particulièrement longs et je me sentirai utile, au moins. Quant à Delphine, tu sais, les amis, c'est fait pour ça, donc ne t'inquiète pas. Je regarde tout ça de près et

[36] Diminutif de Pontgelard, que quelques-uns de nos amis utilisent pour appeler Anthony.

je te fais une proposition au plus vite, bisous et repose-toi un peu. Je t'aime !

Me voilà remise au travail à distance, mais ça me plaît. Je suis trop heureuse de pouvoir rester active pour nous et pour notre entreprise.

Je me prépare à aller faire ma deuxième biopsie, le lundi 10 juillet. J'ai l'impression que la première était hier… Je rencontre alors Nordine, l'ambulancier qui vient me chercher. Il travaille régulièrement avec la clinique Bizet. Le trajet jusqu'à la Pitié-Salpêtrière est particulièrement joli : nous longeons la Seine, nous passons devant la tour Eiffel et devant des monuments parisiens de toute beauté. Le soleil, qui est de la partie, embellit le tableau.

Arrivée à l'hôpital, je n'ai aucun mal à diriger les ambulanciers jusqu'au service qui m'attend. Nordine me demande de les appeler le soir venu, lorsque j'aurai fini mes examens. Ils viendront me chercher au mieux de leur emploi du temps. J'enregistre donc son numéro de portable, car c'est lui le patron de cette société.

Il est 8 h 15. Je me dis que la journée va être longue, puisque je ne devrais pas sortir avant 18 h. Sur place, je retrouve l'équipe de soignants que je connais : Magalie, Manue, Marlène et Thierry, sans compter notre célébrité, qui ne nous quitte pas de la journée, Lionel ! C'est touchant cette atmosphère où l'on se sent comme à la maison. Je me présente au bureau d'accueil et l'on me remet un passe-droit, document à remettre à la radiologie, après la biopsie. On m'attache un bracelet de suivi, en plus de celui que j'ai déjà reçu de la clinique.

Je rejoins ensuite la salle d'attente, où je trouve de nouveaux compagnons d'infortune. J'attends que Magalie m'appelle pour la prise de sang, qui doit être faite à jeun. Après seulement, je pourrai prendre mon petit déjeuner et mes médicaments du matin. Mon regard se porte alors sur une jeune femme d'origine magrébine, qui affiche un beau sourire. Elle est accompagnée de son mari, avec lequel elle parle dans leur langue natale. Nous nous saluons de loin et, après quelques sourires échangés, nous ne tardons pas à discuter.

Généralement, les échanges entre patients de ce service commencent toujours par la même question, en tutoyant l'interlocuteur :

— Salut ! Moi, c'est Gaëlle ! Tu es greffée ?

— Bonjour ! Moi, c'est Sabrina ! Oui, depuis 6 mois. Et toi ?

— Depuis un peu plus d'un mois. Tu habites dans le coin ?

— Oui, mon mari et moi, nous avons une boucherie kasher en région parisienne. Il m'accompagne à chaque fois que j'ai des examens… Il est toujours inquiet, me confie-t-elle avec un léger sourire.

Notre conversation ressemble à celle de deux copines à la sortie du lycée, alors même que nous venons tout juste de nous rencontrer. Cette histoire commune nous fait appartenir à un même clan. La journée passe relativement vite. Nous nous verrons très régulièrement, car nos rendez-vous sont proches. Avec elle et son mari, nos échanges sont simples.

Habituellement, cette série d'analyses en hôpital de jour peut paraître longue. Après la prise de sang du matin vient l'électrocardiogramme, réalisé par Magalie. Puis le rendez-vous en tête-à-tête avec elle, où tous les sujets sont abordés, pour être ensuite transmis au médecin. S'ensuit l'attente avant la fameuse biopsie… Thierry arrive alors en tenue de bloc opératoire, une épaisse blouse verte, pour annoncer le premier patient qui passera. Il demandera également au suivant d'attendre son tour dans le couloir et ainsi de suite. Aujourd'hui, je serai la cinquième, juste après Sabrina.

L'attente pour la radio est longue, elle aussi. Il faut y être entre 16 h 30 et 17 h 30. D'ailleurs, Sabrina me conseille d'y être 30 minutes avant, pour gagner du temps sur la consultation avec la Docteur Varnous. Elle et la Docteur Ouldammar sont mes référentes. Ces deux derniers examens sont le Saint-Graal pour pouvoir enfin sortir de cette « journée marathon », comme je l'appelle très vite.

Le Docteur Hazard continue de me suivre et j'en suis ravie. Lors de notre dernier entretien dans son bureau, il m'avait simplement expliqué les démarches de protection vis-à-vis des visiteurs et personnes extérieures, mais pas seulement. Il m'a également fait part d'un concept des plus importants. J'ai la possibilité de sortir le week-end, mais à condition de rester à Paris, avec une adresse à communiquer en cas d'urgence, et sous réserve d'un accord médical.

— Pour vous, ce ne sera envisageable que sous la surveillance d'une personne de confiance. De plus, il faudra se limiter à une périphérie pas trop vaste, afin que nous puissions facilement intervenir en cas de problème.

Parfait, tout cela me va ! Mais ce n'est pas parce que le médecin donne son accord que je suis forcément à l'aise avec cette idée. En tout cas, je peux mettre ça dans un petit coin de ma tête. Rien que ça me donne un nouveau souffle de liberté.

XIX
La rencontre

Les jours passent et Élouan ne va pas tarder à revenir me voir, accompagné de Maman et Papi. J'attends aussi la visite d'Arnaud, que je n'ai pas revu depuis la Pitié-Salpêtrière et qui prendra le relais pour la suite des vacances de mon Loulou.

J'ai travaillé à distance avec Anthony, pour intégrer Delphine au sein de l'entreprise. Tout se cale au fur et à mesure, et à grande vitesse pour le coup, puisque la saison bat son plein à Locmariaquer. Ils sont déjà dans le vif du sujet. Là, je sais que c'est dur : je l'ai vécu tant de fois, avec les clients qui arrivent dès 7 h du matin, à l'ouverture de la boulangerie, pour la dévaliser de ses viennoiseries et pâtisseries. Dans ces cas-là, ils ne se soucient pas de savoir si nous pourrons satisfaire tout le monde. En tant qu'artisans, nous avons défini un quota de production journalière, qui est déjà assez dense. Il n'y a malheureusement pas de place à l'improvisation. Mais comment expliquer à un client qui entre dans votre boutique que vous ne pourrez pas lui réaliser sur le champ le dessert dont il aura besoin à midi, quand il est 7 h du matin ? Sans compter, bien entendu, qu'il a « oublié » de le commander la veille. Et même dans la difficulté, l'excuse n'est jamais entendue.

Je ne peux pas m'empêcher de penser à eux, à Anthony, à Christophe et à mes vendeuses, dont l'organisation est bousculée sans moi. Ce n'est pas une question de vanité, mais c'est tellement plus facile quand ma présence suffit à recadrer les exigences des clients.

Je pars à la rééducation, plongée dans mes pensées, lorsque je croise Marie-Christine qui m'interpelle dans le couloir.

— Bonjour Gaëlle ! Tu m'as l'air bien pensive ce matin…

— Oui, excuse-moi ! Je ne t'avais pas vue. Bonjour ! Je suis en pleine réflexion pour aider Anthony à distance. C'est toujours frustrant pour moi de ne pas pouvoir les soutenir lui et notre équipe.

— Je comprends ce que tu peux ressentir, bien que je ne sois absolument pas de la partie. Tiens ! Hier justement, j'ai rencontré une dame qui est arrivée depuis quelques jours. Je crois qu'elle est boulangère. Si on la voit, je te montrerai qui c'est.

Oh ! Incroyable ! Une boulangère serait dans le même cas de figure que moi. Et si, en plus, elle est à la tête de son propre commerce, ce serait fou… nous pourrions échanger ensemble. Je suis presque aussi excitée d'aller en cours de gym, que de la croiser !

Nous arrivons dans la salle d'attente. J'ai pris pour habitude de saluer tous les patients de notre « team[37] » par un « check[38] » et, par la même occasion, de me présenter aux nouveaux pour ne pas les mettre à l'écart. C'est à ce moment-là qu'on me désigne Christine. C'est une femme d'origine portugaise, qui a quelques années de plus que moi. Je trouve son visage accueillant, elle me sourit immédiatement. Dès cette première rencontre, on nous étiquette tout de suite.

— Eh bien ! Voilà ! Nous avons nos deux boulangères de l'équipe !

Je suis très enthousiasmée par ce premier contact et, pourtant, je n'imagine pas encore les liens indéfectibles qui nous uniront. Nous entrons donc dans la salle de sport et nous nous mettons naturellement côte à côte, sans même nous concerter. Notre séance est pleine de fous rires, avec nos maladresses et nos ratés, de connivence instinctive et de bonne humeur communicative pour le reste du groupe et les soignants.

---

[37] Anglicisme. Équipe, ensemble de personnes engagées dans une même activité, notamment dans le milieu sportif.

[38] Anglicisme. Dire bonjour en touchant du poing celui de son interlocuteur.

Une fois la séance terminée, nous rejoignons nos chambres, pour découvrir que nous sommes logées l'une en face de l'autre. Christine partage la sienne avec une dame âgée, Mauricette.

— Elle est toute mignonne ! me dit-elle. Et nous nous entendons très bien. Une vraie complicité s'est installée entre nous. Elle est très facile à vivre.

— Ah ! Moi, je suis en chambre seule. Ça peut paraître sympa, mais c'est parfois pesant… Bon, eh bien ! C'est ici que nos chemins se séparent. Bon appétit et à tout à l'heure peut-être. Je ne sais pas si tu bouges un peu l'après-midi.

— Non, pas pour l'instant, ou tout du moins très peu. Je reste encore très fatiguée et mon mari et ma fille viennent me rendre visite tous les jours. On n'habite pas très loin de la clinique.

— Bon après-midi alors ! Et si je ne te croise pas, à demain matin pour notre séance.

J'entre dans ma chambre, très heureuse de cette rencontre qui, je l'espère, me permettra de mieux compenser ce manque affectif et social qui me taraude. J'envoie un message à Anthony, pour lui faire part de cette nouveauté dans mon quotidien. Il est toujours content pour moi quand il constate que, malgré la distance, je ne suis pas seule.

Nous sommes la veille du 14 juillet et j'exulte en attendant la prochaine visite de mes parents et d'Élouan. J'ai des nouvelles tous les jours et il va bien. Il m'envoie des photos où je le vois bien profiter de ses vacances avec ses cousins. Il est en famille, il a l'air épanoui et ça, ça me réjouit.

Après notre séance de sport, Christine m'annonce que ce week-end, elle ne pourra pas rentrer chez elle. Son accident cardio-vasculaire a été trop violent et elle doit rester sous surveillance accrue encore quelque temps, avant de pouvoir envisager une sortie. Elle est déçue, bien évidemment, mais heureusement Fernando, son mari et leur fille Marine viendront la voir tout à l'heure. Marine travaille avec ses parents à la boulangerie, surtout en ce moment avec l'absence de sa mère, mais aussi au labo, pour soutenir son père.

De mon côté, je lui fais part de mon enthousiasme à l'idée de revoir mon fils, mes parents et Arnaud. Cette parenthèse de nos familles en visite, nous donne toujours la vision de la vie à l'extérieur, mais également l'envie de retourner très vite auprès d'eux. C'est un excellent moteur de récupération.

Christine me propose de passer après notre sieste quotidienne, dont nous avons encore toutes besoin. Évidemment, je me réjouis de découvrir les proches de celle qui devient mon alter ego jour après jour, dans cette aventure hors norme. Par la même occasion, je pourrai faire plus ample connaissance avec sa colocataire de chambre, que j'ai à peine entraperçue, lorsque Christine a ouvert sa porte, le jour de notre rencontre. Rendez-vous est pris pour 15 h 30…

À l'heure dite, je toque doucement chez Christine et, quand j'entends son « Oui ? » discret, j'entre. En face de moi, Fernando est assis sur le rebord de la fenêtre. Il se lève pour me saluer, sans bruit, car Mauricette dort encore. Il me paraît très gentil.

Christine semble préoccupée. Ils échangent sur la complexité de la situation, avec leur boulangerie. Seul aux commandes avec Marine, Fernando se sent dépassé. Autant Anthony et moi avons déjà pris nos marques, en nous organisant autour de ma maladie, que pour eux, avec l'effet soudain de la pathologie de Christine, l'adaptation a dû être immédiate et sans préparation. Je connais ce schéma par cœur, il m'est tellement familier que je partage avec eux ce quotidien si confus.

Pendant que nous discutons de nos différents aménagements pour nos commerces, Mauricette se réveille. Je la salue avec un grand sourire, auquel elle répond en souriant également… elle est encore tout embuée de sommeil. Christine lui a parlé de moi en long, en large et en travers, donc elle a déjà l'impression de me connaître.

Marine arrive alors à son tour. C'est une jeune femme de toute beauté. J'aurais pensé qu'elle était mannequin avant que ses parents et elle m'expliquent qu'elle a travaillé dans le monde du luxe et de la mode. Après plusieurs tracas, elle a préféré se consacrer à la boulangerie familiale. Lors de cette première rencontre, je la sens sur la réserve. Elle est venue pour voir sa mère et une inconnue débarque dans leur univers, mais ce n'est qu'une impression… Je ne suis pas au bout de mes surprises avec cette jolie jeune femme, aussi belle à l'intérieur qu'à l'extérieur.

Je passe toute mon après-midi avec eux. Nos échanges sont fluides. Fernando est étonné que je vienne de Bretagne, si éloignée de chez moi, pour me faire soigner.

— C'est limite inhumain ! me dit-il. Je n'imagine même pas être loin des femmes de ma vie.

— Sincèrement, moi non plus je n'aurais jamais imaginé devoir vivre ça un jour, mais la vie en a décidé autrement…

Il est 18 h 30, l'heure du dîner, quand je les quitte et que Fernando et Marine repartent chez eux. Demain, ils rouvrent la boulangerie. Je n'ai pas envie de manger seule ce soir-là, nous improvisons donc un stratagème avec Christine, qui n'est pas non plus à court d'idées pour faire l'inverse de ce qui est normalement autorisé ! J'entre dans ma chambre pour y récupérer mon plateau-repas, déposé sur une table à roulettes comme d'habitude. Puis, je ressors discrètement en m'assurant que personne ne déambule dans les couloirs. Christine, de son côté, fait également le guet. Je traverse rapidement avec ma desserte, pour me retrouver dans la chambre de mes voisines. Je m'installe entre leurs deux lits et nous dînons toutes les trois tranquillement, en papotant et rigolant.

Vers 19 h 30 -20 h, à la fin de notre soirée, je retourne dans ma chambre tout aussi furtivement, pour ne pas éveiller les soupçons de l'équipe de nuit. J'ai mon rendez-vous téléphonique quotidien avec Anthony, puis je me couche pour une bonne nuit de sommeil.

Nous répéterons ce petit rituel tous les jours, pour les repas du midi et du soir. Avec cette habitude bien rodée, nous finirons même par prendre nos petits déjeuners ensemble, avant nos séances de rééducation. Je serai également conviée aux visites journalières de Fernando et Marine.

Ce matin du 14 juillet, Anthony m'appelle : il est désemparé… Il lui faut d'urgence un salarié en pâtisserie, à la suite du départ du précédent qui n'a pas supporté la charge de travail. Quand j'arrive dans la chambre de Christine et Mauricette, je suis soucieuse. L'ennui est que, cette année, nous avions décidé d'ouvrir la boulangerie en continu de 7 h à 20 h, sans notre coupure habituelle entre 13 h 30 et 15 h 30. Nous voulions ainsi répondre à un souhait de la clientèle, mais c'était avant de savoir pour ma greffe. Maintenant que c'est acté, il est difficile de faire machine arrière.

Je cherche toutes les solutions pour activer au plus vite une annonce d'emploi pour un aide-pâtissier, sans logement assuré par nos soins. Je finis par trouver quelqu'un prêt à venir chez nous, avec une tente de camping. Il a une cinquantaine d'années, de l'expérience dans le métier et c'est notre seule option. Nous actons rapidement son intégration et nous nous arrangeons pour lui obtenir une place au camping municipal. Il commence dans deux jours.

Cette mission à distance réglée, j'appelle Maman. Ils arrivent vers 15 h, avec Élouan. Puis, Arnaud nous rejoindra vers 17 h. Je propose à Christine de se joindre à nous, mais elle me dit qu'elle préfère nous laisser en famille, pour une fois que je peux avoir de la visite. Cependant, elle passera volontiers nous faire un petit coucou.

À 14 h 30, l'accueil m'appelle.

— Bonjour Gaëlle ! Excuse-moi de te déranger, mais j'ai un couple qui me dit être à la fois des clients de ta boulangerie et des amis. Ils souhaiteraient te voir.

Le responsable de l'accueil me tutoie maintenant. C'est devenu un confident, avec lequel je discute régulièrement. Il est originaire des îles et nous avons très vite sympathisé.

— D'accord, merci ! Ne t'inquiète pas, je suis prête ; je descends tout de suite.

Quelques questions se bousculent dans ma tête : qui peuvent bien être ces clients qui viennent me rendre visite ? Après tout, on s'en moque : c'est l'intention qui compte. Mais s'ils disent être devenus des amis, c'est que normalement ça devrait me faire plaisir de les voir. Arrivée à l'accueil, j'ai la réponse à mes interrogations : ce sont Christelle et Habib !

— Oh ! Mais quelle surprise ! Mes loulous… Vous deux ici ? Qu'est-ce que je suis contente de vous voir !

— Non, mais attends ! Tu ne pensais quand même pas que nous allions passer à Paris sans venir te voir ?

Je suis à la fois extrêmement surprise et heureuse de leur visite. Nous avons fait plus ample connaissance avec Christelle le jour où cette cliente habituelle cliente habituelle est venue me demander si nous organisions des stages d'immersion dans notre laboratoire. Son mari, Habib, était insomniaque et rêvait de découvrir les coulisses de notre entreprise. Je lui avais alors dit que nous ne faisions pas ce genre de stage, car il faut que les personnes soient vraiment intéressées. Après quelques arguments très convaincants, je lui ai proposé d'en parler à Anthony. Comme il aime beaucoup partager sa passion et expliquer son savoir-faire, le rendez-vous a été pris très vite. Ainsi Habib a pu suivre les boulangers toute la nuit. Anthony et lui ont tout de suite sympathisé. De plus, Habib était avide de comprendre nos méthodes de travail. Le matin, nous avions également convié Christelle à nous rejoindre pour le petit déjeuner. Par la suite, nous avons continué à nous revoir de façon plus amicale. D'ailleurs, Élouan va souvent chez eux, pour jouer au foot avec Habib et le neveu de Christelle.

Ils m'ont apporté une très jolie carte de soutien et un livre, sachant que j'aime particulièrement lire. Je suis aussi super contente qu'Élouan arrive avec mes parents et les voie ici. Il est très surpris, mais il court aussitôt vers eux et leur saute au cou. Ce moment est magique ! Nous sommes assis dans le salon du hall de la clinique, seuls au monde, et nous rions un peu « trop » fort. Bien entendu, nous ne manquons pas de prendre quelques photos souvenirs.

Christine passe avec sa famille, avant d'aller faire un petit tour dehors, et, comme elle me l'avait dit, s'arrête pour saluer ma petite bande. Je fais les présentations avant qu'elle ne s'éclipse pour mieux nous laisser profiter de ce moment.

Comme prévu, Arnaud nous rejoint vers 17 h, après avoir fini sa longue journée de travail. Il vient récupérer Élouan. Celui-ci va passer quelques jours chez lui jusqu'au 23 juillet prochain, puis ils prendront le train, direction Pithiviers, pour rejoindre Christine, Sébastien, Bleuenn et Kaelig. Élouan restera chez eux une quinzaine de jours. Arnaud ne fera qu'accompagner son filleul et repartira à Paris après l'avoir déposé chez son frère.

Je me suis souvent rendu compte que, depuis ma greffe, mes mots dépassaient ma pensée, comme s'il n'y avait plus aucun filtre. Je réfléchis et je m'exprime quasiment en même temps. Ce n'est pas volontaire, plutôt inconscient, et je ne m'aperçois pas toujours de l'impact que cela entraîne. Cette nouvelle spontanéité me joue des tours et ce jour-là, ce sont malheureusement Arnaud et Élouan qui en feront les frais…

Arnaud vient d'arriver et nous parlons du planning d'Élouan. Mes idées sur la manière dont il doit vivre son séjour parisien sont bien arrêtées et je n'ai absolument rien vu auparavant avec Arnaud.

Maman dit :

— Bon, eh bien ! Nous allons vous laisser entre vous, nous devons rentrer. Ma chérie, on se revoit très bientôt. Si tu as besoin de quoi que ce soit, tu m'envoies un message pour que je puisse le prévoir sur ma prochaine liste de courses. D'accord ?

J'acquiesce.

— Merci beaucoup Maman ! Pour Loulou et pour moi. J'ai été tellement heureuse de vous revoir et que tu aies pu m'amener Élouan aujourd'hui.

— Pas de souci, ma grande ! On est là pour ça.

Puis, s'adressant à Arnaud :

— Merci pour Élouan ! Et sinon, vous avez un programme de défini pour ce soir ou ce sera de l'improvisation ?

Et là, sous les yeux médusés de tout le monde, je réponds à la place d'Arnaud.

— Oui ! Ce soir, il va emmener son filleul voir le feu d'artifice, au pied de la tour Eiffel. Il lui fera aussi visiter les Champs-Élysées, on est juste à côté. Et en plus, comme il est célibataire, sans enfant, il a largement le temps… Ce n'est pas comme s'il avait des obligations.

C'est alors que tout le monde me regarde, interloqué. Je suis tellement dans mon univers, que je ne calcule même pas l'ampleur de ce qui se passe. Maman prend congé, stupéfaite par ma remarque, mais sans en faire plus cas que ça, puisque l'intéressé lui-même n'a rien rétorqué.

Christelle et Habib ne tardent pas à partir, puis Élouan et Arnaud se préparent également. Élouan me fait un gros câlin. Il est super content de découvrir la tour Eiffel et d'y voir le feu d'artifice.

Après cette après-midi dense en émotions, mon repas est vite servi. En soirée, Élouan m'envoie un message pour me dire qu'ils n'iront pas voir le feu d'artifice à la tour Eiffel et qu'ils le regarderont à la télévision. Il est très déçu, mais n'en a pas parlé avec son parrain, par respect. C'est ça aussi l'éducation que nous lui avons inculquée et je suis très fière de lui et de la réaction qu'il a eue. Après tout, je me suis trop avancée tout à l'heure, sans même tenir compte des contraintes d'Arnaud. C'est déjà beaucoup d'avoir accepté d'endosser la responsabilité d'un adolescent.

Un peu plus tard, j'entends le feu d'artifice et je vois quelques lumières éclairer le ciel, à la fenêtre de ma chambre. Cette nuit-là, je pleure à chaudes larmes… Chaque année, malgré la fatigue liée au travail à cette période, nous prenons toujours le temps de le regarder ensemble, tous les trois. Et là, je suis triste qu'Élouan ne puisse même pas avoir un moment exceptionnel en compensation. De notre côté, nous n'aurons probablement pas l'occasion de lui offrir une telle fête.

J'ai alors une idée et j'échange par texto avec Arnaud, avant de m'endormir.

Allez ! Une nouvelle journée s'annonce, me dis-je en me levant ce matin. Je me sens d'humeur combative et je ne tarde pas à faire part de mes intentions à Christine.

— Coucou toi ! Ça va ? Bien dormi ? lui dis-je en entrant dans leur chambre, avec mon plateau du petit déjeuner à la main.

Mauricette est déjà dans la salle de bain. Aujourd'hui, elle a décidé de se lever et de marcher quelques pas dans les couloirs, avec nous, pour ne pas perdre toute sa masse musculaire.

— Bon alors ! Hier, j'ai passé un super après-midi avec mon fils, ma mère, le parrain d'Élouan et les copains, et ça m'a fait réfléchir. Si le Docteur Hazard est là ce matin, je lui demanderai l'autorisation d'aller chez Arnaud le week-end prochain. Je lui ai envoyé un message hier soir et il est d'accord pour m'accueillir si je viens par mes propres moyens, comme il n'a pas de véhicule.

— Ah oui ! C'est une très bonne idée. Mais tu sais que le protocole est lourd. Je ne voudrais pas que tu sois déçue et j'espère vraiment qu'il te dira oui. Et puis tu as une autre biopsie cette semaine.

— Qui ne tente rien n'a rien ! J'y vais !

Je sors, en pyjama, et je me dirige vers la salle de garde, à l'autre bout du couloir. J'ai de la chance : c'est justement le Docteur Hazard qui est de garde de jour, à notre étage, cette semaine-là. Lorsque j'arrive, il est en train de débriefer avec les infirmières de nuit.

— Bonjour Docteur Hazard ! Je suis ravie de vous voir, lui dis-je d'un ton déterminé.

— Bonjour Madame Pontgelard ! Tout va bien ? me dit-il, surpris de me voir en pyjama et un samedi matin de surcroît.

— Oui, oui ! Parfaitement bien. Dites moi ! Hier, j'ai reçu la visite du parrain de mon fils, qui habite à Villejuif, et qui serait prêt à m'accueillir le week-end prochain. En plus, Élouan est en vacances chez lui en ce moment. S'il vous plaît, est-ce que je peux y aller ?

Je fais alors le regard du chien battu, pour l'apitoyer… En général, ça marche toujours ! Il sourit.

— Je ne sais pas ! Vous avez une biopsie prévue cette semaine. Il faut déjà que nous soyons sûrs que tout va bien. Ensuite, comment allez-vous y aller et revenir ?

— Je devrais m'y rendre en taxi, à l'aller comme au retour.

— Très bien ! Mais vous connaissez le protocole : un couchage de bonne qualité, pas de transport en commun et peu de déplacements inutiles.

— Oui, oui ! De ce côté-là, pas de souci. Chez Arnaud, il y a une chambre avec un clic-clac. Quand nous y allons, Anthony et moi, il nous laisse toujours sa chambre et lui, il dort dans le clic-clac. J'aurai donc une literie adaptée.

— Écoutez, pour l'instant, je ne me prononce pas, mais mercredi, nous nous reverrons pour discuter de votre biopsie de la veille. Si tout va bien, je vous remplirai l'autorisation de sortie.

— Oh ! Merci beaucoup Docteur !

Sur cet accord tacite, je repars pleine d'espoir. Quel bonheur ce sera d'annoncer à Élouan que je viens passer le week-end avec eux, avant son départ chez Christine et Sébastien !

Je retourne de ce pas communiquer la nouvelle à « ma » Christine et Mauricette. Je file vite me préparer dans ma chambre, pour ensuite arpenter les couloirs avec elles et passer le temps.

Heureusement, le week-end est rythmé par les visites de Fernando et Marine, avec qui je noue de plus en plus de liens. Ils deviennent essentiels à mon quotidien, aussi bien que Christine. Je parle beaucoup d'eux avec Anthony, qui a ainsi l'impression de les connaître par procuration.

En ce mardi 18 juillet matin, je vais déjà faire ma troisième biopsie. C'est encore Nordine, l'ambulancier, qui m'emmène. J'y suis toute la journée, comme lors de ma deuxième biopsie et le bilan est toujours positif. Mais cette fois-ci, lorsque nous échangeons sur mon greffon avec la Docteur Varnous, nous parlons également de mon état psychique. Je lui évoque mon souhait de passer le week-end avec mon fils, chez son parrain, aussi elle me fait un courrier pour appuyer ma demande. C'est pour moi une petite victoire !

Sortie de son bureau, j'appelle Nordine, pour lui indiquer que je suis prête pour qu'on me ramène à la clinique.

— Parfait ! Nous arrivons dès que possible.

Ils seront là 1 h 30 plus tard… C'est ça aussi l'envers de la vie parisienne : ses obligations, ses bouchons à répétition. J'apprends très vite ce quotidien.

À 20 h 30, lorsque je rentre enfin à la clinique, je passe rapidement faire un coucou à Christine, qui commençait un peu à s'inquiéter. Je lui annonce que j'ai un mot de la Docteur Varnous et je rejoins ma chambre, juste à temps pour ma Visio avec Anthony. J'ai communiqué avec lui tout au long de la journée, par texto, mais rien ne vaut notre entretien du soir. Ensuite, je dîne et je ne tarde pas à me mettre au lit, éreintée par cette journée.

Le lendemain matin, je me précipite dans le bureau des infirmières, pour déposer le courrier de la Docteur Varnous, à l'attention du Docteur Hazard. Après la séance de kiné, je repasse dans le bureau et je reçois mon sésame pour ma sortie de ce week-end. J'en informe aussitôt Arnaud et Élouan. Ce dernier est aux anges à l'idée de nos futures retrouvailles.

Cette fin de semaine est plutôt sympathique. De savoir que, dès samedi, à 10 h, je pourrai quitter la clinique jusqu'au dimanche 18 h, me met en joie. Et, cerise sur le gâteau, j'ai enfin le droit de sortir de l'enceinte de l'établissement. Avec Christine, nous allons explorer le quartier, accompagnées de Fernando et Marine. En tournant vers la droite, nous repérons une pâtisserie Cyril Lignac et un bar-brasserie juste à côté. Celui-ci deviendra notre fief, tous les deux jours, pour retrouver un peu de vie sociale et rompre notre quotidien.

Je côtoie également Marie-Christine, avec qui nous avons noué une relation amicale. Nous ressentons le besoin de nous voir régulièrement. Un après-midi, nous décidons d'aller nous balader sur les Champs-Élysées. On nous a dit qu'ils étaient tout près d'ici, aussi nous nous aventurons dans les rues parisiennes et nous les trouvons effectivement, non loin de la clinique. C'est vraiment agréable de pouvoir arpenter cette avenue mythique et de se sentir comme tout un chacun. Pendant que je suis avec elle, cela permet à Christine de partager des moments avec sa famille et de faire d'autres activités qui lui tiennent à cœur.

Le samedi matin, mon taxi m'attend devant l'accueil. J'ai prévenu Arnaud et Élouan de mon arrivée vers 11 h 30. Il a fallu que je redemande à Arnaud son adresse exacte et son code d'entrée, car ma mémoire me fait encore cruellement défaut. Je n'avais pas imaginé la difficulté de ce déplacement et ce qu'il pouvait générer d'angoissant pour moi. J'étais tellement focalisée sur le bonheur de retrouver Élouan que j'en ai complètement occulté ma peur de tomber à chaque pas et la concentration à développer pour m'assurer de ne rien oublier. Le taxi me prend directement au portail de la clinique. Je monte à l'arrière pour respecter les gestes barrières. Je me sens si heureuse de pouvoir me réapproprier une certaine liberté.

Nous mettons près d'une heure pour rejoindre l'immeuble où réside Arnaud. Le chauffeur me dépose devant. Il descend ensuite ma petite valise à roulettes et me demande :

— Voulez-vous que je vous accompagne ?

— Non ! Merci beaucoup. Ça va aller. Je vais appeler mes proches, pour qu'ils viennent à ma rencontre.

Je prends mon portable pour le code que je tape sur le digicode. Le portail s'ouvre et j'entre dans la résidence, persuadée de savoir exactement où je vais… mais, en réalité, c'est le néant ! Je suis incapable, au travers de ce dédale d'immeubles qui se ressemblent tous, de retrouver lequel est celui d'Arnaud. Pas de panique ! me dis-je, je n'ai qu'à l'appeler pour qu'il vienne me chercher. Le téléphone ne sonne… pas de réponse ! Qu'à cela ne tienne, j'appelle Élouan… pas de réponse non plus ! J'essaye de me raisonner, de trouver des points de repère, mais je suis perdue : impossible de me souvenir de quoi que ce soit. Je tente alors de joindre Christine et Sébastien. Ils sont déjà venus plus d'une fois chez Arnaud, ils sauront me guider, même à distance. Malheureusement, je n'ai pas de réponse non plus de leur côté… Décidément, le sort s'acharne sur moi ! Je commence à avoir les larmes aux yeux et à être en stress, mais je me ressaisis et c'est la colère qui s'empare de moi. Je me remémore nos derniers échanges. Nous nous étions bien mis d'accord sur le jour et l'heure, alors qu'est-ce qui peut bien clocher ? Un coup de sang me prend et j'appelle sans discontinuer les deux portables, assise sur ma valise, jusqu'à ce que l'un des deux daigne me répondre. Élouan décroche enfin !

— Maman ! Tout va bien ? Tu as essayé de m'appeler ?

Malgré mon agacement, je me retiens d'avoir un ton agressif. Après tout, mon Loulou n'y est pour rien…

— Oui, mon cœur ! Mais que s'est-il passé ? Où étiez-vous ? Ça fait un quart d'heure que j'essaye de vous joindre Parrain et toi, sans succès. Je suis dans l'allée qui mène à l'immeuble, mais je suis incapable de retrouver le numéro exact.

Derrière, j'entends Arnaud donner son numéro. Élouan propose alors de venir me chercher.

— Non ! Ne t'en fais pas, Loulou ! J'arrive…

Je reprends mes esprits pour me diriger vers le bon bâtiment, quand Christine, inquiète à la vue de mes appels en absence, me téléphone. Je la rassure brièvement, puis je raccroche. Je parviens enfin à l'entrée, devant un autre digicode. Nouvelle épreuve : retrouver le nom de famille d'Arnaud et son numéro d'appartement… Manifestement, cette expédition m'aura fait perdre tout sens commun jusqu'au bout. Je ne suis plus en état de réfléchir, ma contrariété a pris le dessus. Pourquoi n'ont-ils pas répondu ? Je peste toute seule, avant d'entendre la voix d'Arnaud, qui m'ouvre la porte d'entrée et me communique son étage. Arrivée devant son appartement, sa porte est grande ouverte et Élouan m'attend.

— Coucou mon chat ! Comment vas-tu ?

Je lâche ma valise, pour le serrer dans mes bras. Son parrain s'affaire à la cuisine, mais je ne laisse rien paraître de mon irritation en m'adressant à lui.

— Salut Parrain ! Comment ça va vous deux ? Tout se passe bien ? J'étais inquiète : je me suis complètement égarée et je n'arrivais pas à vous joindre.

— Pourtant tu connais le chemin par cœur. Ce n'est pas la première fois que tu viens.

— C'est clair ! Mais je crois que l'hospitalisation, l'anesthésie, bref tout ça, m'a fait perdre beaucoup de choses.

Puis, je change aussitôt de sujet, pour oublier bien vite cette mésaventure.

— Tu as besoin d'un coup de main en cuisine ou pour autre chose ?

— Non merci ! Tout est OK. Je t'ai préparé du saumon avec des épinards… Sans sel, pour respecter ton régime. Ensuite, il y aura un yaourt en dessert et de l'eau. J'ai même trouvé du pain sans sel.

— Parfait ! Et nous mangeons tous les trois la même chose ? Je vous embarque dans mon monde diététique ou vous vous octroyez un peu de plaisir ?

— Non, non ! On va tous manger pareil. Je ne vais quand même pas cuisiner à la carte… Et puis ça fera du bien à tous de manger sain.

— Super !

Nous passons aussitôt à table. Élouan aurait boudé ce menu habituellement. À son âge, c'est plutôt McDo, KFC, pâtes et frites, bien que ce ne soit pas ce qu'il y a de plus équilibré. Aussi je suis touchée qu'il accepte les contraintes de mon régime alimentaire. Je dois faire très attention au sel et aux bactéries présentes dans les aliments peu habituels, comme les huîtres et le pamplemousse.

L'après-midi, Arnaud nous propose de nous emmener dans un parc. Nous y allons en bus. Ça m'ennuie un peu, par rapport à ce que m'avait dit le Docteur Hazard, mais il n'y a quasiment personne dans les rues ni dans les transports d'ailleurs. Nous profitons de cette belle journée d'été. Au retour, je paye une glace à l'eau à Élouan, pour la clore en beauté.

Le soir venu, je me repose tranquillement et je joue à des jeux de société avec Élouan, pendant qu'Arnaud vaque à ses occupations. Nous dînons, puis nous nous installons devant la télé jusqu'à 23 h, assis sur le canapé, dans la pièce principale. Ensuite, Arnaud va se coucher, tandis qu'Élouan déplie le clic-clac. Nous cherchons des oreillers dans le placard et ne tardons pas à nous mettre au lit. Je trouve difficilement une position confortable pour dormir : le canapé n'est plus tout jeune et surtout j'appréhende la nuit, comme beaucoup de personnes malades. Nous ne dormons pas beaucoup cette nuit-là, mais qu'importe, l'essentiel est que nous soyons réunis.

Dimanche matin, nous prenons notre petit déjeuner avant d'aller faire un petit tour des commerçants du quartier. C'est l'occasion pour moi de retirer un peu d'argent liquide. Après le déjeuner, pendant qu'Arnaud et Élouan font leur valise pour le trajet chez Christine et Sébastien, je regarde la télévision.

Mon taxi arrive vers 16 h. Arnaud et Élouan m'accompagnent jusqu'au véhicule. C'est là que nous devons nous séparer. Nos larmes coulent à flots, Élouan est triste de me quitter et moi, je m'inquiète du temps qu'il faudra pour nous retrouver à nouveau. C'est encore un moment de détresse pour nous deux. Mais je sais qu'une fois arrivé chez Christine et Sébastien, il se détendra vite avec Kaelig et Bleuenn. Je le laisse donc partir et je remercie Arnaud de nous avoir accueillis, avant de m'engouffrer dans le taxi, qui me ramène à la clinique.

Ce soir-là, j'appelle Anthony et reste très évasive sur ce week-end. Je lui parle beaucoup d'Élouan, avec qui la séparation a été compliquée, mais qui est plus joyeux depuis qu'il est arrivé à Pithiviers, selon nos derniers échanges.

Le lundi, nous reprenons nos séances de kiné quotidiennes, ainsi que les ateliers auxquels nous participons désormais, Christine et moi, selon les envies de chacune.

Josiane, ma marraine, m'appelle bientôt pour me proposer d'aller boire un verre dans un bar qu'elle affectionne particulièrement, sur les Champs-Élysées. Il est décoré aux couleurs de Deauville-Trouville où elle possède un petit studio.

— Parfait, Marraine ! C'est une très bonne idée, faisons ça. J'aimerais bien boire du cidre pour en retrouver le goût… Rien qu'à l'idée, je savoure déjà ce petit moment de plaisir.

— Très bien ! Je viendrai te chercher mercredi après-midi et l'on ira tranquillement, à pied. Tu verras, ce n'est pas loin.

Je suis ravie de pouvoir la revoir et de passer un moment avec elle.

Entretemps, Christine et moi sortons tous les après-midi, avec Fernando et Marine. Je fais également quelques escapades aux terrasses du coin avec Marie-Christine. Mardi après-midi, Efelina est à Paris et m'appelle pour me dire qu'elle va venir me voir. Je lui réserve la surprise de descendre seule, pour aller boire un verre avec elle, à la terrasse d'un bar, à l'angle de la rue qui jouxte la clinique. Nous profitons de cette sortie pour papoter longuement jusqu'à ce qu'elle reparte prendre son train, en direction de Vannes.

Christine rentre tous les week-ends chez elle, du vendredi soir 18 h au dimanche soir de 18 h. C'est un accord qui lui a été donné, car son domicile n'est pas trop loin et son état de santé le lui permet. Pendant son absence, je tiens donc compagnie à Mauricette. Nous discutons beaucoup. J'aime nos échanges intergénérationnels qui m'apportent de la culture générale et une idée de la vie rude de l'époque.

Je me remets vraiment bien et je retrouve une bonne forme. Mes biopsies, prises de sang et autres examens, toujours fréquents, permettent de constater un rétablissement probant. Début août, le Docteur Hazard commence à aborder la possibilité, d'une sortie de clinique pour la fin du mois. Ça y est ! Enfin, une date se précise pour un retour chez moi.

De son côté, Élouan rentre à Locmariaquer, pour retrouver son Papa. Christine et Sébastien le ramènent. Pendant le trajet, Christine m'envoie des photos de lui, en train de dormir dans la voiture entre Kaelig et Bleuenn. C'est adorable, on dirait un bébé et ça me fait énormément de bien de le voir tranquille comme ça.

Ce soir-là, j'ai la chance d'avoir mes deux gars en Visio. Leur amour et le bonheur de leurs retrouvailles sont palpables et me remplissent de joie. Alors qu'Élouan s'est éloigné de l'écran, j'aborde avec Anthony l'éventualité de mon retour dans la semaine du 21 au 25 août. Toutefois, je dois encore obtenir l'accord de l'hôpital de jour de la Pitié-Salpêtrière. Comme il n'y a rien de sûr, nous préférons qu'Élouan n'entende pas cette conversation. Si ça n'était pas possible, je ne voudrais pas lui faire de fausses joies.

Le jeudi 3 août, je pars pour ma cinquième biopsie, ma fameuse journée marathon... Pendant ces longues heures d'absence, je dois quitter Christine et ce quotidien que nous nous sommes construit pour affronter la réalité. Le contrôle régulier de cet organe implanté est nécessaire pour préserver mon état de santé d'une dégradation qui pourrait être soudaine. Heureusement, à chaque visite, tous les voyants sont au vert et je peux repartir sereine.

Cette fois-ci, avec la Docteur Varnous, nous abordons mon retour tant attendu à la maison, vers ma chère Bretagne. Bien entendu, cela entraîne une certaine logistique, avec des allers-retours fréquents à Paris pour le contrôle du greffon. Elle m'indique également qu'à compter du 22 août, si tout continue à bien se dérouler, les biopsies se feront tous les 21 jours. Après une tous les 7 jours, je suis actuellement à un rythme de tous les 10 jours. Fin août, je passerai à 21 jours, pour enfin atteindre la grande étape d'une périodicité mensuelle, et ce, jusqu'en juin 2018. La Docteur Varnous ajoute :

— En fonction des résultats de la biopsie, que nous aurons sous 48 h, je ne suis pas contre vous autoriser à rentrer chez vous, à partir du 21 août.

Je n'entends pas ce délai de réponse de 48 h. L'unique information que je retiens et qui reste vive dans ma mémoire, c'est mon potentiel retour pour le lundi 21 août… Je ressors de son bureau débordante de bonheur.

De retour à la clinique, je téléphone très vite à Anthony pour le prévenir. Il explose de joie, tout comme moi. Je fais ensuite irruption dans la chambre de Christine, pour lui annoncer la bonne nouvelle. De son côté, elle compte déjà le nombre de jours qu'elle sera sans moi, si je pars dès le 21. A priori, moins d'une semaine puisqu'elle pourrait rentrer chez elle le 25 août. La joyeuse pression s'estompe et je ne tarde pas à aller me coucher.

Comme tous les vendredis, Christine part en week-end à domicile, mais cette fois-ci, elle me propose de l'accompagner. Quelle surprise ! Je suis ravie. Mais, malheureusement, mon autorisation de sortie ne court qu'à compter du samedi matin.

— Ce n'est pas grave, me dit-elle. J'ai vu avec Fernando : il viendra te chercher demain matin et il nous ramènera toutes les deux dimanche soir.

Formidable ! Je ne trouve pas les mots pour la remercier. Je me sens extrêmement privilégiée d'être ainsi accueillie chez eux. Marine me laissera même sa chambre à coucher, pour que je sois confortablement installée.

J'en fais part à Anthony.

— Oh, c'est sympa ! Je suis content pour toi, ça va te faire du bien. Mais fais attention quand même à ne pas trop en faire.

— Bien sûr ! Je te promets d'être prudente.

Avec la distance qui nous sépare et ce que je viens de subir ces derniers mois, c'est normal qu'il s'inquiète. Je me note, dans un petit coin de ma tête, de lui envoyer un texto quand j'y serai, avec quelques photos.

Fernando est présent pour me véhiculer le samedi matin à 10 h, comme prévu. En arrivant du côté de chez eux, je suis impressionnée par le calme qui règne dans les rues.

— Dis donc ! Il n'y a personne dans le coin, lui dis-je.

— Ah oui ! Ça, c'est Paris au mois d'août. Tu comprends le décalage entre vous, dans votre boulangerie, sur la côte, et nous ici ?

— Tu m'étonnes ! Ils sont tous partis…

— Ce serait bien qu'Anthony change d'avis un jour et vienne s'installer à Paris. Il y gagnera mieux sa vie et arrêtera de faire des heures de cinglé. Avec l'âge, sincèrement, jusqu'à quand vous allez tenir ce rythme ?

— Alors, oui ! Je suis d'accord avec toi. Une affaire de saison demande beaucoup d'heures, en un temps très limité, mais, crois-moi, tu ne risques pas de voir le Breton débarquer de sitôt à Paris.

Nous en rions. Je me sens très à l'aise avec eux.

Nous ne tardons pas à arriver dans le parking, au sous-sol de l'immeuble où ils résident. Fernando se gare et descend ma valise, puis nous nous dirigeons vers l'ascenseur. Quand nous montons à leur étage, je suis accueillie chaleureusement par Christine. Je suis si heureuse de la retrouver, comme si nous nous étions quittées depuis longtemps, alors que nous étions encore ensemble hier. Leur appartement est magnifique : toit-terrasse et un très bel intérieur décoré avec goût. Ils m'invitent à faire comme chez moi et, confortablement installée dans la chambre de Marine, je me sens tel un coq en pâte.

Le déjeuner est savoureux et nous nous permettons même un petit verre de vin rouge, pour fêter ça. L'après-midi, nous profitons de la terrasse tandis que Fernando joue au serveur, en nous apportant des boissons fraîches à volonté. Je vis un vrai week-end de bonheur, une parenthèse, comme en famille.

Le dimanche soir, nous retournons à la clinique. C'est de plus en plus difficile pour Christine de quitter son mari, pour s'enfermer à nouveau dans un établissement de soins. Je la comprends parfaitement : quand on habite aussi près, à vol d'oiseau, c'est frustrant de ne pas pouvoir être résident extérieur.

De mon côté, ma guérison évolue bien. Il est rapidement acté que mon retour à la maison se fera le mardi 22 août… Enfin ! Une date ! Je suis joyeuse à cette idée.

C'est alors que je reçois un appel de Marie-Paule, une cliente de Locmariaquer. Elle habite au bout de la ruelle des Dames, où donne notre laboratoire. Outre cette maison sur la côte, ils ont leur résidence principale dans le 16e arrondissement, non loin de la clinique Bizet.

— Bonjour Gaëlle ! Je reviens d'un séjour à Locmariaquer et Anthony m'a dit que vous étiez ici. Je serais ravie de venir vous rendre visite demain après-midi, si c'était possible.

— Bonjour Marie-Paule ! Oh oui ! bien sûr.

— J'aimerais également vous apporter quelque chose. Qu'est-ce qui vous ferait plaisir ?

Je suis très heureuse qu'elle vienne me voir. C'est une femme adorable. Elle ne tarit pas d'éloges sur les produits qu'Anthony confectionne. En revanche, je suis déstabilisée par sa question : C'est très délicat de soumettre une idée de cadeau à une cliente, même si dans ce genre de circonstances les masques tombent et les codes qui vont avec aussi. Après avoir hésité, je lui suggère un présent qui pourrait m'être utile.

— Écoutez Marie-Paule ! Je ne sais pas… Éventuellement, une petite serviette éponge, pour le sport.

— Très bien ! Avec plaisir ! Je tenais absolument à vous apporter quelque chose. Je suis ravie. Atout à l'heure !

Elle arrive donc, cet après-midi-là, avec un cadeau joliment emballé.

— Je vous ai trouvé une petite serviette éponge chez Sonia Rykiel, dans le quartier du Marais. J'espère vraiment qu'elle vous plaira, sinon je peux la changer.

J'ouvre le paquet et je découvre une jolie serviette aux rayures multicolores.

— Oh ! J'adore. Merci beaucoup, Marie-Paule ! Je suis très touchée. J'aime beaucoup la marque Sonia Rykiel : je la suis depuis toute jeune, à travers ses magazines de mode.

Je suis très émue par tant d'attentions et qu'elle ait fait le déplacement pour me voir. Ça me montre ô combien j'ai réussi à créer un lien avec mes différentes clientes, qui va bien au-delà de la simple relation commerciale. Toutes celles qui sont venues me rendre visite me le prouvent, avec certitude.

Dans les jours qui suivent, j'ai également la visite d'un ami d'infortune, Yann. Nous nous sommes rencontrés lors de nos soins à Kerpape, où nous étions tous les deux. Nous nous retrouvions régulièrement à la même table pour le déjeuner et le dîner. Hormis le petit déjeuner, les repas au centre sont toujours pris en commun. Nous avons sympathisé, ainsi qu'avec Cathy et Yannick. Eux aussi étaient en soin pendant cette période. Toutefois, seuls Yann et moi sommes restés en contact, car nous avions noué une relation plus amicale sans savoir le pourquoi du comment. Toujours est-il que nous nous comprenions et que nous avions les mêmes envies. D'ailleurs, à Kerpape, nous avons fait un peu les 400 coups, dès que c'était possible, mais, bien sûr, sans jamais nous mettre en danger. Nous avons également vécu une soirée particulière, à l'occasion des 100 ans du centre. Il y avait un bal, dans la salle commune, qui a réuni les patients et les soignants. Tous les quatre, nous y avons participé.

Ce matin-là, alors qu'il se rendait dans la région lyonnaise pour son travail, Yann a fait le détour, pour venir me rendre visite. Je suis très contente de le voir. Nous reprenons facilement le cours de nos conversations sans fin. Quel super moment de complicité !

Christine partage toutes ces visites par procuration, puisque nous échangeons sur notre quotidien à travers les couloirs, quand on ne frappe pas à la porte l'une de l'autre. Les infirmières et le personnel médical ont très vite repéré notre petit stratagème, mais ça amuse plus que ça dérange.

Le week-end du 12 et 13 août, je retourne chez Christine et je profite encore pleinement de leur hospitalité.

Le week-end suivant, je ne veux pas abuser, aussi je refuse poliment leur invitation. Et puis, je suis déjà dans l'organisation de mon retour en Bretagne. Pour fêter mon départ, ils me proposent donc d'aller au restaurant, tous les quatre. Nous demandons une autorisation de sortie exceptionnelle pour le jeudi 17 août au soir. Celle-ci nous est accordée à notre grande surprise ! Marine réserve alors dans un restaurant non loin de la clinique, mais nous devrons quand même prendre la voiture, pour nous y rendre.

À 19 h, Marine et Fernando viennent nous chercher. Elle nous dépose ensuite devant le restaurant, le temps de trouver une place pour se garer. Christine et moi sommes joliment vêtues et tellement heureuses de partager ce moment ensemble. C'est une parenthèse de vie normale : un grand pas après ces mois d'hospitalisation. Nous prenons un petit apéro léger, suivi d'un rumsteck et de frites, que nous demandons sans sel. Notre plat est accompagné d'un verre de vin rouge, puis, pour terminer, nous optons pour un dessert au chocolat.

Après cet excellent repas, nous rentrons à la clinique le ventre plein ; nous sommes guillerettes.

Vendredi soir, Christine quitte la clinique, l'air nostalgique. Je sais qu'elle est triste et moi aussi d'ailleurs : bientôt, nous devrons nous séparer. Elle est devenue une véritable amie, dont j'apprécie vraiment la compagnie, mais j'ai tellement besoin de retrouver ma vie auprès des miens.

Je prends le temps de faire les boutiques attenantes, pour ramener un souvenir de mon séjour parisien aux garçons. Je repère également un fleuriste au coin de la rue et je regarde ses jours d'ouverture. Tout va bien, je pourrai y revenir lundi avec Christine, pour acheter un bouquet de fleurs à Marine. Je tiens à la remercier de m'avoir laissé sa chambre et sa mère.

Voilà ! Ça y est ! Nous sommes le mardi 22 août 2017. C'est le grand jour ! Élouan est au courant, mais Anthony lui a dit de profiter de sa journée avec ses amis. Le trajet sera long et l'on ne sait pas vraiment à quelle heure j'arriverai. Nordine vient me chercher à 8 h. Il souhaite partir de bonne heure, pour éviter les bouchons des grandes villes, comme Rennes, que nous traverserons. Mon retour impliquait un ambulancier et c'est avec évidence que je me suis tournée vers lui.

Je me hâte d'aller dire un dernier au revoir à Christine, dont j'ai déjà les coordonnés, et à Mauricette, qui me laisse les siennes également, en nous promettant de nous donner bien vite des nouvelles.

Je pars le cœur léger, je sais que notre amitié, à Christine et à moi, durera toujours. Et puis, je suis tellement impatiente de retrouver mes gars.

XX
Retour à la maison

J'envoie un message à Anthony pour lui dire que je rentre… « Je rentre ! » : Ces mots résonnent en moi comme un écho, comme si l'impossible était devenu possible. Le fait d'être en vie prend d'un coup tout son sens.

Sur le trajet, je dors très peu. Nous nous arrêtons deux fois pour faire le plein de gazole et une fois où j'en profite pour descendre me dégourdir les jambes et aller aux toilettes. Je ne passe pas inaperçue lorsque je dois sortir du véhicule : il faut que le chauffeur et son collègue ouvrent les deux portes arrière, basculent le brancard sur lequel je me trouve, puis l'inclinent vers le bas pour me mettre à la verticale. Heureusement, la montée est plus simple et j'arrive à me débrouiller seule. Comme ils doivent faire l'aller-retour dans la journée, nous ne traînons pas, tout en respectant les limitations de vitesse, mais sans faire d'arrêts inutiles.

Il est 13 h 40 quand nous arrivons à Locmariaquer. Mon cœur bat à 100 à l'heure. Anthony est déjà informé de mon arrivée imminente, avec nos échanges de messages. Selon les instructions d'Anthony, j'indique à Nordine de se garer en face de la boulangerie. Le trottoir est un peu plus large à cet endroit et nous allons pouvoir nous mettre là sans gêner la circulation. Le magasin est ouvert, mais la fréquentation y est calme à cette heure de la journée. Je commence à me lever et à vouloir descendre seule du véhicule, tellement je suis pressée, mais un vertige me saisit aussitôt. Nordine se précipite vers moi pour me rattraper.

— Oh là ! Ma belle dame. Attention ! Je sais que vous êtes impatiente de retrouver votre mari et je le comprends, mais il va falloir prendre votre temps. Le voyage, l'émotion, l'excitation des retrouvailles sont des sources de stress incontrôlé qu'il va falloir apprivoiser.

Effectivement, il n'a pas tort : la tâche est plus ardue que je ne l'aurais imaginé. Je laisse donc Nordine et son collègue me soutenir, quand j'aperçois, juste en face de moi, Anthony à l'entrée de la porte bleue, celle du laboratoire. Je suis aux anges. Il est là, à seulement quelques mètres de moi… Il a vu l'ambulance arriver et s'approche de nous. Autour, les voisins à proximité, Marie-Hélène à son balcon, Jean-Pierre et Anne-Marie nous regardent sans un mot, par respect pour ce moment suspendu qui ne compte que pour nous. Tout à coup, une voiture roule devant la boulangerie et s'arrête net à ma hauteur, coupant l'espace entre Anthony et moi. Nordine, médusé, me maintient alors que je vacille, tenant difficilement sur mes jambes. La conductrice m'interpelle.

— Alors ! Ça y est, tu es rentrée ? Tout s'est bien passé ? Comment vas-tu ? Ça fait plaisir de te voir !

Je ne sais pas quoi répondre devant tant d'inepties. Anthony frappe un grand coup à l'arrière du véhicule et lui dit :

— Dégage ! Fous-nous la paix ! Laisse-nous tranquilles ! Tu ne vois pas que tu emmerdes tout le monde ?

Elle file sans demander son reste.

— Je n'aurais pas mieux dit ! lance Nordine.

— Anthony ! lui répond mon mari, en lui serrant la main. Enchanté de te rencontrer ! Quand Gaëlle m'a dit que tu étais très protecteur, elle n'avait pas tort. Je n'aurais pas fait autrement.

— Mais qui est cette femme ? demande Nordine.

— Une connasse qu'on ne voit jamais à la boulangerie, mais qui se croit tout permis.

Effectivement, cette commère de Locmariaquer voulait certainement avoir la primeur de mon retour et être la première à me parler pour s'enorgueillir de tout savoir avant tout le monde. Les ragots dans les communes ont toujours existé, mais ce manque de respect, notamment vis-à-vis de nos propres voisins tellement humbles et discrets, je trouve ça déplacé ! C'est alors que j'entends derrière moi :

— Oh ! Tu es rentrée ? C'est cool !

Je tourne la tête pour voir Marie, qui était venue me rendre visite à Paris. Elle poursuit.

— On revient tout juste de l'Escale, où nous avons pris l'apéro. C'est quand même une sacrée coïncidence de se croiser !

Je dodeline à peine et continue d'avancer avec Nordine et Anthony. C'est adorable de venir me saluer, mais à cet instant, et surtout avec ce qui vient de se passer, je n'ai qu'une hâte : rentrer chez moi. Puis, serrer très fort mon mari dans mes bras fragiles, mais plein d'amour, et retrouver notre fils. Anthony raccompagne Nordine par la cuisine. Il leur a préparé un panier-repas pour leur retour à Paris, avec quelques saveurs locales.

— Tu m'attends là, hein ! me dit-il avant de s'éclipser.

Je suis devant la porte bleue. Mais, têtue comme je suis, avec ce besoin de montrer ma force à Anthony, je finis par entrer seule dans le laboratoire. J'y vais toutefois avec beaucoup de prudence, en prenant soin de ne pas glisser sur de la farine. C'est là que je croise le regard de Christophe. Je m'effondre en sanglots : le revoir ainsi que le laboratoire, mon univers, ma maison… toutes ces choses qui me sont si familières me bouleversent. Ça fait près de quatre mois que je suis partie, mais j'ai l'impression que c'est une éternité.

À la cuisine, mon Loulou m'accueille les bras grand ouverts. C'est un bonheur absolu ! Nos larmes ruissellent sur nos visages marqués par l'émotion. Astibel est le seul absent. Il est en pension chez mes beaux-parents, mais je le retrouverai bientôt. Je ne reverrai pas Nordine, qui a demandé à Anthony de me saluer pour lui.

J'envoie très vite un message à Christine, avec une photo, pour lui dire que je suis bien rentrée chez moi et que tout va bien.

Dans l'après-midi, je me repose beaucoup. Le voyage m'a éreintée. J'ai besoin de retrouver mes marques et mon organisme doit se régénérer.

Les jours suivants, je ne quitte pas Anthony et Élouan. Je ne suis pas encore capable de faire grand-chose, mais je savoure chaque instant avec eux.

Sébastien F., un ami de 30 ans, nous appelle pour venir nous rendre visite, comme il le fait à chaque fin de saison, avant de reprendre le travail. Sa formation pour un nouveau poste est finie et il va pouvoir commencer à exercer dès septembre. En attendant, il profite de nous et nous de lui, pendant une dizaine de jours. Sa venue fait énormément de bien à tous. De la même manière que moi, il trouve qu'Anthony a une mine déconfite : celui-ci a perdu 15 kg et il est blanc comme un linge. Pour l'aider, Sébastien propose de se charger des repas, qui étaient jusqu'alors préparés par Anthony. Il s'occupe également des courses, ce qui soulage considérablement mon mari. Nous n'aurons pas à demander à mes beaux-parents de nous cuire de la viande au barbecue. Ils le faisaient de temps en temps pour leur fils lorsque celui-ci était seul à diriger notre affaire et la maison.

J'en profite pour bouger avec Sébastien et mon Loulou. Nous allons au marché. Habituellement, fin août, je n'ai jamais l'occasion de pouvoir m'y rendre. Nous allons également au camping Lann Brick voir nos amis Philippe et Isabelle. Ils nous font régulièrement travailler en saison, en nous commandant pains et viennoiseries pour leur Snack Bar. Avec eux, nous avons noué une amitié bienveillante.

Le reste du temps, nous sommes très présents aux côtés d'Anthony, pour l'aider du mieux que nous pouvons. Le pâtissier que je lui avais trouvé en dernière minute, lorsque j'étais à la clinique Bizet, a quitté son poste du jour au lendemain, laissant la charge de travail à Anthony et Christophe.

Après le départ de Sébastien, Anthony doit encore mener notre barque sans moi jusqu'à fin septembre, avant de passer au grand ménage de la boulangerie et à l'hivernage de l'immeuble.

Je retourne à Paris le 13 septembre, pour ma journée marathon. J'y vais en taxi, cette fois-ci avec Mario comme chauffeur, toujours fidèle pour mes différents déplacements.

La greffe est toujours autant une réussite et les résultats sont très encourageants. Avec la Docteur Varnous, nous abordons le sujet du suivi sur le long terme. Cela concerne la prise de médicaments à vie, les biopsies, les examens médicaux toutes les trois semaines en hôpital de jour. Après, ce sera tous les mois jusqu'à la fin de la première année. Et enfin, les consultations avec le Professeur Montalescot. C'est lui qui réalisera mes coronarographies tous les ans, puis tous les deux ans.

Même si, après un an, je ne serai plus prise en charge pour mes transports en VSL[39], j'ai décidé de continuer à toujours me faire suivre à la Pitié-Salpêtrière. Je veux garder coûte que coûte le Professeur Montalescot, comme cardiologue référent, et ne laisser que lui pour pratiquer mes coronarographies. Mes souhaits ont été entendus et jamais remis en question par l'équipe médicale. Depuis tout ce temps, je continue donc à faire des allers-retours de plus en plus espacés, pour poursuivre mes examens là-bas.

Je rencontre encore beaucoup de problèmes médicaux importants depuis ma greffe. Le traitement immunosuppresseur me rend plus vulnérable et je dois être prise en charge très rapidement, afin de ne pas laisser s'installer la moindre affection, qui, pour moi, peut prendre des proportions plus aiguës.

Quoi qu'il se soit passé, de vif ou douloureux après cette expérience, j'ai toujours pu compter sur le soutien indéfectible de mon mari, de mon fils, du Professeur Montalescot, de ma famille et de

[39] Ambulance et véhicule sanitaire léger.

certains amis. Du moins, pour ceux qui ont fait le choix de continuer la route à nos côtés.

J'ai changé aussi. Maintenant, je dis les choses même si ça ne plaît pas. Je m'écoute plus aussi et je m'impose pour que mes désirs deviennent réalités. Je me fais plaisir et je réserve plein de surprises à mon entourage, mais surtout je suis très protectrice envers moi-même et les miens.

À travers ce livre, je souhaite vraiment délivrer un message optimiste. On ne choisit pas sa maladie, mais on n'est pas obligé de la subir.

Je voudrais également dire un immense merci aux familles qui ont accepté l'inacceptable : consentir à la transmission des organes d'un de leur proche défunt pour sauver d'autres vies.

Et puis, chers clients, je tiens à vous dire, au nom de tous nos collègues, qui sont à votre service au quotidien dans ces métiers difficiles que sont les métiers de bouches : ne restez pas avec des idées préconçues ! Ouvrez-vous à la personne qui est derrière son comptoir. Même si c'est un commerçant avenant et qu'elle ou il sourit, ne soyez pas certains que c'est quelqu'un qui n'a pas de souci et dont vous pourriez envier la vie. À ce sujet, mon mari dit toujours, et je terminerai par cette phrase qui résonne encore plus aujourd'hui : « Quand la porte est fermée, on ne sait pas ce qui se passe… »

Le Professeur Montalescot et moi avons une relation extrêmement privilégiée. J'admire son travail, sans toutefois l'idolâtrer ni jouer les groupies. Je ne lui pose pas de questions sur sa vie privée, nous restons dans un rapport de médecin à patiente, avec un profond respect mutuel. Je suis consciente que j'ai eu énormément de chance de le rencontrer. J'ai ses coordonnées personnelles et je peux le contacter quand je veux. Il sait très bien que je ne déborderai jamais et que je ne le considérerai jamais comme un membre de ma famille ni comme un père. D'ailleurs, à la fin de tous mes messages, il y aura toujours un « *Cordialement* ». Cette entente fonctionne très bien ainsi.

Courant mars 2022, le Docteur Hazard, qui possède une maison non loin de chez nous, vient me rendre visite directement à Locmariaquer. Le port du masque n'est plus obligatoire depuis peu.

— C'est Gilles qui m'envoie ! Il s'inquiète de savoir si vous continuez à porter le masque, malgré l'allègement des mesures sanitaires et les cas de covid qui reprennent. Mais je vois que tout est réglé : la boutique est ouverte, mais vous avez des plexiglas qui vous protègent. Je lui dirai que vous ne risquez rien.

Ils s'étaient vus le mardi précédent et le Professeur lui a demandé, s'il passait près de Locmariaquer, de bien vouloir venir me rendre visite. J'ai été rassurée par cette démarche, d'autant plus que nos habitués à la boulangerie m'ont dit envisager de garder le masque, pour continuer à me préserver.

Épilogue

J'ai mon tempérament : c'est-à-dire que je n'accumule pas et que je vais répondre aussitôt à toute attaque de l'extérieur. Gaëlle, de son côté, a tendance à tout garder. De réaliser ce récit de vie lui a donc permis d'évacuer, tout en prenant de la distance, et je sais que cela lui a fait beaucoup de bien. Avant de rédiger cet épilogue, je n'ai pas voulu lire ce qu'elle avait écrit, car je ne voulais pas interférer dans quoi que ce soit. C'est son histoire avant tout et, d'ailleurs, ce n'est pas à moi de dire comment elle devait formuler ce qu'elle a ressenti.

L'expérience qu'elle a vécue n'est pas évidente. Rien que le parcours de greffe a été compliqué, mais en plus il y avait la boulangerie, le côté professionnel. Heureusement, nous avons tous les deux des caractères forts, ce qui nous a permis de voir les côtés positifs de cette épreuve. Aujourd'hui, tout va super bien et nous sommes passés au-delà.

Bien sûr, Gaëlle est très bien accompagnée au niveau médical et elle sait aussi qu'à la maison, nous sommes là, Élouan et moi. Lorsque des obstacles se montaient devant elle à cause de la maladie, des côtes qu'elle avait du mal à grimper sans s'essouffler par exemple, à chaque fois, nous les avons contournés pour qu'elle puisse faire ces activités avec nous. Quand la maladie nous a interdit de partir en vacances, à cause du risque en avion, nous nous sommes adaptés en louant un camping-car. Nous avons toujours essayé de relativiser et de l'aider à gérer son stress, comme lorsqu'elle a eu ses difficultés avec le défibrillateur. Elle savait qu'elle pouvait compter sur moi pour la rassurer.

Mais il faut dire aussi que Gaëlle va de l'avant. Même le Professeur Montalescot l'a constaté. Avoir un tempérament comme le sien, c'est hyper important, car ça apporte un pourcentage de réussite supplémentaire pour la guérison. Avec ça, elle est d'ailleurs devenue la chouchoute du service. Elle a de la volonté et elle nous a inspirés. En 2017, je me suis dit que si Gaëlle se battait pour revenir, il fallait que moi je me batte pour maintenir l'entreprise, pour que la boulangerie soit encore debout à son retour. Quand elle est rentrée, même s'il y avait un temps de convalescence pour elle, elle a pu voir que l'entreprise ne s'était pas cassé la gueule, que le gamin allait bien et moi aussi. Nous avions monté cette affaire à deux et ce n'est pas la maladie qui allait prendre le dessus sur ça. Tous les trois, chacun à notre niveau, nous n'avons rien lâché ! Mais le plus important c'était pour Gaëlle. Il fallait la soutenir et qu'elle ne s'inquiète pas du reste, pour qu'elle se concentre sur sa santé.

Avec cette énergie à vouloir aller de l'avant, je ne me suis pas vraiment rendu compte de la masse de travail à la boulangerie. Que ce soit dans le perso ou dans le professionnel, mes quatre mots d'ordre, dans tout ce que je fais, sont : rigueur, régularité, qualitatif et non pas quantitatif. À partir de là, tout est simple pour moi. Il faut faire les choses à fond, sinon ce n'est pas la peine.

À cause de la maladie de Gaëlle, ou plutôt « grâce » à la maladie de Gaëlle, il y a beaucoup de choses qui ont changé, notamment le vide qui s'est fait autour de nous, par rapport aux proches. La maladie fait peur ! Je ne juge personne, mais personne n'a à nous juger non plus. Maintenant, c'est : tu es content, c'est bien, sinon la porte est là.

Et puis, je prends du recul. C'est trop facile de s'énerver contre son entourage, quand il y a des problèmes dans l'entreprise. En réalité, ce n'est pas grave et ça se réglera plus tard, d'une façon ou d'une autre. J'ai également pris conscience qu'il fallait canaliser mon côté fougueux et j'ai suivi les conseils d'un coach sportif. Ça me permet de me décharger de ce trop-plein d'énergie et de mon esprit de compétition envers moi-même : toujours faire mieux et me dépasser.

J'ai vu le Professeur Montalescot beaucoup moins souvent que Gaëlle, mais c'est quelqu'un de remarquable. Il y a Gaëlle, la patiente, mais le Professeur a systématiquement un mot pour prendre la « température » de son entourage. C'est aussi important pour la psychologie de la patiente. La première fois que je l'ai rencontré, c'était dans son bureau où il nous a reçus tous les deux. Il m'a demandé comment j'allais, ainsi qu'Élouan, comment ça se passait à la boulangerie, etc. Il ne se contente pas que de l'état de la malade.

Enfin, lorsque nous avons pris le train, avec Élouan, pour notre première visite à Gaëlle8 jours après sa greffe, j'ai écrit deux courriers. Je ne suis pas très littéraire, mais bizarrement les mots sont sortis tous seuls. Il y en avait un pour le service médical et l'autre pour la famille du donneur. J'avais besoin de remercier l'équipe médicale dans son ensemble : le Professeur Montalescot, les chirurgiens, l'hémato, la rythmo, Jean-Louis, les infirmières et infirmiers, les aides-soignants, etc., jusqu'à la moindre personne qui a pris soin de Gaëlle. Ce courrier a été affiché dans le service médical et a servi d'exemple pour permettre à d'autres patients et leur entourage de trouver les mots pour écrire les lettres qu'ils souhaitaient envoyer de leur côté. Dans le courrier pour la famille, je ne pouvais pas donner d'indices permettant de nous retrouver, pour respecter l'anonymat des donneurs et des receveurs. Mais j'ai pu leur adresser un grand merci et leur dire que nous ferions le maximum pour préserver ce cœur.

Anthony

Album photos

Dernière photo, prise à Locmariaquer,
La veille de mon départ à Chartres

Première visite de mes amours après la greffe

Clinique Bizet Paris 16e,
Où je suis restée 5 semaines en rééducation cardiaque
Visite d'Élouan, avant ses vacances à Chartres

DIPLÔME
de la Super Nana
décerné à
Jolie comme un cœur
et plus futée que la moyenne,
les filles aimeraient t'avoir pour sœur
et pour les hommes,
tu es une reine !
Fait à Paris
SIGNATURE :

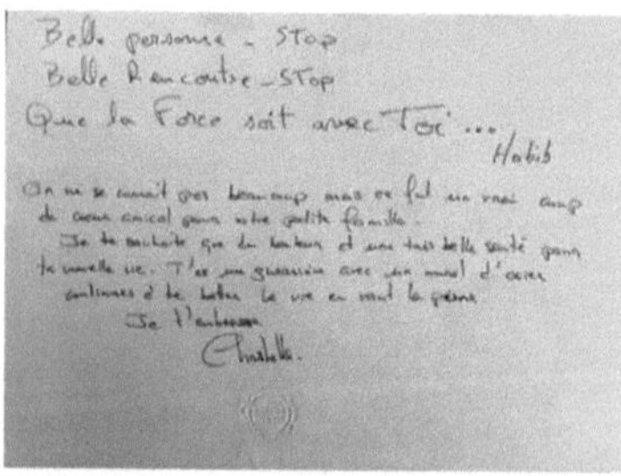

Belle personne - STOP
Belle Rencontre - STOP
Que la Force soit avec Toi ...
Habib

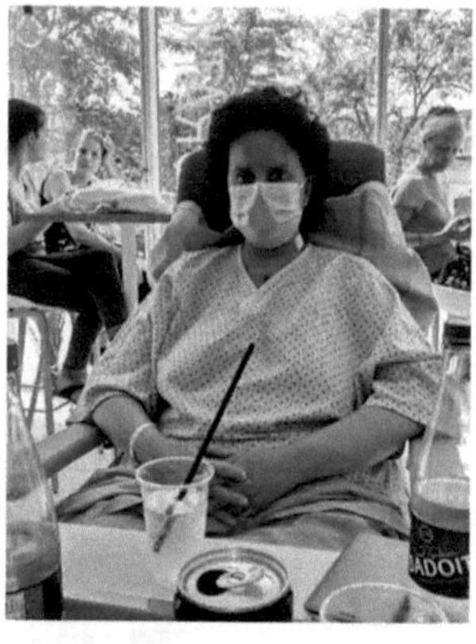

Après la première biopsie

Anthony à -15 kg

Nos premières vacances après la greffe

MAMAN

Tous ensemble réunis dans ce même cœur pour des années à venir. Elouan, PAPA, Astibel

Hommage à la vie de ma mère

- Qu'est ce que cette lumière que Je vois à l'horizon ?

- Un soleil éblouissant quand il laisse place à la lune ?

- Le chemin qui mène à la victoire quand Je pense à toi ?

- Elle est certainement le reflet de l'amour que Je te porte.

- A chaque jour je défis ma peine.

- Dès que J'ai l'impression de ne plus penser à ton image mon visage et mon cerveau se meurent.

- L'énergie que ton cœur produit est celle d'une guerrière qui n'a jamais abandonné.

- Jamais je n'accepterais de vivre sans toi car Je ne saurais plus où je suis...

- La vie est celle qu'on porte en nous qu'on ne pourra jamais enlever.
nous

Elouan-Pontgelard.

Poème Personnel

Remerciements

Je n'ai pu raconter ce récit qu'avec mes mots et mon ressenti. Sans vouloir interpréter leur vécu de cette situation, leurs émotions, je tiens à rendre un hommage tout particulier à mon mari Anthony et à notre fils Élouan pour leur indéfectible amour, qui m'a portée tout au long de ce parcours.

Je dois un grand merci au Professeur Gilles Montalescot. Il représente pour Anthony et pour moi-même une médecine de perfection. Il a toujours su m'expliquer les choses au fur et à mesure de leur arrivée, de façon claire et précise. Je pense qu'il m'a relativement bien cernée en faisant de cette manière, car cela m'a permis d'accepter chaque étape, sans me braquer.

Professeur ! Anthony, Élouan et moi n'aurons jamais les mots suffisants pour vous exprimer toute notre gratitude. Je n'aurai de cesse de vous témoigner la reconnaissance que j'ai, d'avoir croisé votre chemin.

Je souhaite dédier ce livre à la Docteur Annick Ankri, du service d'hématologie biologique de la Pitié-Salpêtrière. Plus qu'un grand médecin, c'était également une grande dame. Je m'associe de tout cœur à son mari, sa fille, ainsi qu'à sa sœur et son neveu, pour la douleur causée par sa perte en juillet 2018.

Je tiens à remercier ma mère Sylvie et mon frère Loïc, mes piliers de cœur, dont le soutien a été des plus précieux. Maman reste un modèle de combativité. Elle a toujours su nous inculquer le prix du sacrifice : c'est une femme exemplaire. Je profite de ce livre pour lui rendre honneur, notamment pour les valeurs de courage, de résilience et d'abnégation qu'elle nous a enseignées.

L'assistance de mes beaux-parents m'a aussi beaucoup aidée. Jean-Pierre et Armelle, ainsi que leur famille, m'ont donné une place : je les considère comme ma famille adoptive.

Encore merci à ma cousine Nathalie et à notre tante Christine pour ces moments partagés et par cet accueil si chaleureux et aimant.

Même si je ne les ai pas évoqués dans ce livre, c'est avec beaucoup de tendresse que je souhaite rendre un hommage tout particulier à tonton Gérard, parti trop tôt. Il laisse derrière lui sa femme, tata Anne-Marie, ses trois filles, dont Annaëlle la cadette, et ses petits-enfants. Nous avons reçu énormément d'affection et de soutien de leur part.

La famille, c'est l'essence même de la vie !

Marilyne reste très présente dans ma mémoire. Nous nous retrouvons avec un plaisir non dissimulé, chaque fois que je passe à la Pitié-Salpêtrière. Lors de l'été 2021, elle nous a fait l'honneur de sa visite en famille, avec son mari, son fils et ses parents, à la boulangerie. J'en avais d'ailleurs profité pour dire à ses parents la reconnaissance et l'affection que je lui porte et le fait que je n'oublierai jamais son dévouement professionnel à mes côtés.

Merci aussi à notre dentiste, Loïc F. qui exerce à Crac'h. Avec sa femme Cécilia, ils sont devenus des amis. Loïc a toujours su s'adapter pour me faciliter les soins dentaires en toute circonstance. Il n'a pas hésité à me prendre comme patiente, malgré la complexité de ma santé. La lecture de ce livre lui rappellera certainement plein de souvenirs. Un grand merci à lui pour son accompagnement et son amitié. Vous comptez pour nous.

Magalie est partie vers d'autres horizons, mais, les garçons et moi, nous avons lié avec elle des liens indéfectibles.

Un grand merci également à Marie-Hélène, avec une tendre pensée pour son mari Jean-Louis, décédé en 2022, à qui je rends hommage pour tous ses conseils lors de mon parcours médical et ses réponses à mes questions.

Ce livre a été écrit avec l'aide de
Florence Mouvaux, biographe

fmouvaux@gmail.com

Imprimé en Allemagne
Achevé d'imprimer en janvier 2024
Dépôt légal : janvier 2024

Pour

Le Lys Bleu Éditions
40, rue du Louvre
75001 Paris